₡.40.00
alianza
401128

Los relatos
4. Ahí y ahora

Sección: Literatura

Julio Cortázar:
Los relatos
4. Ahí y ahora

El Libro de Bolsillo
Alianza Editorial
Madrid

Primera edición en "El Libro de Bolsillo": 1985
Cuarta reimpresión en "El Libro de Bolsillo": 1996

Reservados todos los derechos. El contenido de esta obra está protegido por la Ley, que establece penas de prisión y/o multas, además de las correspondientes indemnizaciones por daños y perjuicios, para quienes reprodujeren, plagiaren, distribuyeren o comunicaren públicamente, en todo o en parte, una obra literaria, artística o científica, o su transformación, interpretación o ejecución artística fijada en cualquier tipo de soporte o comunicada a través de cualquier medio, sin la preceptiva autorización.

© Herederos de Julio Cortázar, 1985
© Alianza Editorial, S. A., Madrid, 1985, 1988, 1992, 1994, 1996
  Calle Juan Ignacio Luca de Tena, 15; 28027 Madrid; teléf. 393 88 88
  ISBN: 84-206-1968-8 (Obra completa)
  ISBN: 84-206-0128-4 (Tomo IV)
  Depósito legal: M. 32.791-1996
  Impreso en Lavel, S. A., Pol. Ind. Los Llanos
  C/ Gran Canaria, 12. Humanes (Madrid)
  Printed in Spain

Grafitti

A Antoni Tàpies

Tantas cosas que empiezan y acaso acaban como un juego, supongo que te hizo gracia encontrar el dibujo al lado del tuyo, lo atribuiste a una casualidad o a un capricho y sólo la segunda vez te diste cuenta de que era intencionado y entonces lo miraste despacio, incluso volviste más tarde para mirarlo de nuevo, tomando las precauciones de siempre: la calle en su momento más solitario, ningún carro celular en las esquinas próximas, acercarse con indiferencia y nunca mirar los *grafitti* de frente sino desde la otra acera o en diagonal, fingiendo interés por la vidriera de al lado, yéndote en seguida.

Tu propio juego había empezado por aburrimiento, no era en verdad una protesta contra el estado de cosas en la ciudad, el toque de queda, la prohibición amenazante de pegar carteles o escribir en los muros. Simplemente te divertía hacer dibujos con tizas de colores (no te gustaba el término *grafitti,* tan de crítico de arte) y de cuando en cuando venir a verlos y hasta con un poco de suerte asistir a la llegada del camión municipal y a los insultos inútiles de los empleados mientras borraban los dibujos. Poco les importaba que no fueran dibujos políticos, la prohibición abarcaba cualquier cosa, y si algún niño se hubiera atrevido a dibujar una casa o un perro, lo mismo lo hubieran borrado entre palabrotas y amenazas. En la ciudad ya no se sabía demasiado de qué lado estaba verdaderamente el miedo; quizá por eso te divertía dominar el tuyo y cada tanto elegir el lugar y la hora propicios para hacer un dibujo.

Nunca habías corrido peligro porque sabías elegir bien, y en el tiempo que transcurría hasta que llegaban los camiones de limpieza se abría para vos algo como un espacio más limpio donde casi cabía la esperanza. Mirando desde lejos tu dibujo podías ver a la gente que le echaba una ojeada al pasar, nadie se detenía por supuesto pero nadie dejaba de mirar el dibujo, a veces una rápida composición abstracta en dos colores, un perfil de pájaro o dos figuras enlazadas. Una sola vez escribiste una frase, con tiza negra: *A mí también me duele*. No duró dos horas, y esta vez la policía en persona la hizo desaparecer. Después solamente seguiste haciendo dibujos.

Cuando el otro apareció al lado del tuyo casi tuviste miedo, de golpe el peligro se volvía doble, alguien se animaba como vos a divertirse al borde de la cárcel o algo peor, y ese alguien por si fuera poco era una mujer. Vos mismo no podías probártelo, había algo diferente y mejor que las pruebas más rotundas: un trazo, una predilección por las tizas cálidas, un aura. A lo mejor como andabas solo te imaginaste por compensación; la admiraste, tuviste miedo por ella, esperaste que fuera la única vez, casi te delataste cuando ella volvió a dibujar al lado de otro dibujo tuyo, unas ganas de reír, de quedarte ahí delante como si los policías fueran ciegos o idiotas.

Empezó un tiempo diferente, más sigiloso, más bello y amenazante a la vez. Descuidando tu empleo salías en cualquier momento con la esperanza de sorprenderla, elegiste para tus dibujos esas calles que podías recorrer en un solo rápido itinerario; volviste al alba, al anochecer, a las tres de la mañana. Fue un tiempo de contradicción insoportable, la decepción de encontrar un nuevo dibujo de ella junto a alguno de los tuyos y la calle vacía, y la de no encontrar nada y sentir la calle aún más vacía. Una noche viste su primer dibujo solo; lo había hecho con tizas rojas y azules en una puerta de garaje, aprovechando la textura de las maderas carcomidas y las cabezas de los clavos. Era más que nunca ella, el trazo, los colores, pero además sentiste que ese dibujo valía como un pedido o una interrogación, una manera de llamarte. Volviste al alba, después que las patrullas ralearon en su sordo drenaje, y en el resto de la puerta dibujaste un rápido paisaje con velas y tajamares; de no mirarlo bien se hubiera dicho un juego de líneas al azar, pero ella sabría mirarlo. Esa noche escapaste por poco de una pareja de policías, en tu departamento bebiste ginebra tras ginebra y le hablaste, le dijiste todo lo que te venía a la boca como otro dibujo sonoro, otro puerto con velas, la imaginaste morena y silenciosa, le elegiste labios y senos, la quisiste un poco.

Casi en seguida se te ocurrió que ella buscaría una respuesta, que volvería a su dibujo como vos volvías ahora a los tuyos, y aunque el peligro era cada vez mayor después de los atentados en el mercado te atreviste a acercarte al garaje, a rondar la manzana, a tomar interminables cervezas en el café de la esquina. Era absurdo porque ella no se detendría después de ver tu dibujo, cualquiera de las muchas mujeres que iban y venían podía ser ella. Al amanecer del segundo día elegiste un paredón gris y dibujaste un triángulo blanco rodeado de manchas como hojas de roble; desde el mismo café de la esquina podías ver el paredón (ya habían limpiado la puerta del garaje y una patrulla volvía y volvía rabiosa), al anochecer te alejaste un poco pero eligiendo, diferentes puntos de mira, desplazándote de un sitio a otro, comprando mínimas cosas en las tiendas para no llamar demasiado la atención. Ya era noche cerrada cuando oíste la sirena y los proyectores te barrieron los ojos. Había un confuso amontonamiento junto al paredón, corriste contra toda sensatez y sólo te ayudó el azar de un auto dando la vuelta a la esquina y frenando al ver el carro celular, su bulto te protegió y viste la lucha, un pelo negro tironeado por manos enguantadas, los puntapiés y los alaridos, la visión entrecortada de unos pantalones azules antes de que la tiraran en el carro y se la llevaran.

Mucho después (era horrible temblar así, era horrible pensar que eso pasaba por culpa de tu dibujo en el paredón gris) te mezclaste con otras gentes y alcanzaste a ver un esbozo en azul, los trazos de ese naranja que era como su nombre o su boca, ella ahí en ese dibujo truncado que los policías habían borroneado antes de llevársela; quedaba lo bastante para comprender que había querido responder a tu triángulo con otra figura, un círculo o acaso una espiral, una forma llena y hermosa, algo como un sí o un siempre o un ahora.

Lo sabías muy bien, te sobraría tiempo para imaginar los detalles de lo que estaría sucediendo en el cuartel central; en la ciudad todo eso rezumaba poco a poco, la gente estaba al tanto del destino de los prisioneros, y si a veces volvían a ver a uno que otro, hubieran preferido no verlos y que al igual que la mayoría se perdieran en ese silencio que nadie se atrevía a quebrar. Lo sabías de sobra, esa noche la ginebra no te ayudaría más que a morderte las manos, a pisotear las tizas de colores antes de perderte en la borrachera y el llanto.

Sí, pero los días pasaban y ya no sabías vivir de otra manera. Volviste a abandonar tu trabajo para dar vueltas por las calles, mirar fugitivamente las paredes y las puertas donde ella y vos habían dibujado. Todo limpio, todo claro; nada, ni siquiera una flor dibujada por la inocencia de un colegial que roba una tiza en la clase y no resiste al placer de usarla. Tampoco vos pudiste resistir, y un mes después te levantaste al amanecer y volviste a la calle del garaje. No había patrullas, las paredes estaban perfectamente limpias; un gato te miró cauteloso desde un portal cuando sacaste las tizas y en el mismo lugar, allí donde ella había dejado su dibujo, llenaste las maderas con un grito verde, una roja llamarada de reconocimiento y de amor, envolviste tu dibujo con un óvalo que era también tu boca y la suya y la esperanza. Los pasos en la esquina te lanzaron a una carrera afelpada, al refugio de una pila de cajones vacíos; un borracho vacilante se acercó canturreando, quiso patear al gato y cayó boca abajo a los pies del dibujo. Te fuiste lentamente, ya seguro, y con el primer sol dormiste como no habías dormido en mucho tiempo.

Esa misma mañana miraste desde lejos: no lo habían borrado todavía. Volviste a mediodía: casi inconcebiblemente seguía ahí. La agitación en los suburbios (habías escuchado los noticiosos) alejaba a las patrullas urbanas de su rutina; al anochecer volviste a verlo como tanta gente lo había visto a lo largo del día. Esperaste hasta las tres de la mañana para regresar, la calle estaba vacía y negra. Desde lejos descubriste el otro dibujo, sólo vos podrías haberlo distinguido tan pequeño en lo alto y a la izquierda del tuyo. Te acercaste con algo que era sed y horror al mismo tiempo, viste el óvalo naranja y las manchas violeta de donde parecía saltar una cara tumefacta, un ojo colgando, una boca aplastada a puñetazos. Ya sé, ya sé, ¿pero qué otra cosa hubiera podido dibujarte? ¿Qué mensaje hubiera tenido sentido ahora? De alguna manera tenía que decirte adiós y a la vez pedirte que siguieras. Algo tenía que dejarte antes de volverme a mi refugio donde ya no había ningún espejo, solamente un hueco para esconderme hasta el fin en la más completa oscuridad, recordando tantas cosas y a veces, así como había imaginado tu vida, imaginando que hacías otros dibujos, que salías por la noche para hacer otros dibujos.

Apocalipsis de Solentiname

Los ticos son siempre así, más bien calladitos pero llenos de sorpresas, uno baja en San José de Costa Rica y ahí están esperándote Carmen Naranjo y Samuel Rovinski y Sergio Ramírez (que es de Nicaragua y no tico pero qué diferencia en el fondo si es lo mismo, qué diferencia en que yo sea argentino aunque por gentileza debería decir tino, y los otros nicas o ticos). Hacía uno de esos calores y para peor todo empezaba en seguida, conferencia de prensa con lo de siempre, por qué no vivís en tu patria, qué pasó que *Blow-Up* era tan distinto de tu cuento, ¿te parece que el escritor tiene que estar comprometido? A esta altura de las cosas ya sé que la última entrevista me la harán en las puertas del infierno y seguro que serán las mismas preguntas, y si por caso es chez San Pedro la cosa no va a cambiar, ¿a usted no le parece que allá abajo escribía demasiado hermético para el pueblo?

Después el hotel Europa y esa ducha que corona los viajes con un largo monólogo de jabón y de silencio. Solamente que a las siete cuando era ya hora de caminar por San José y ver si era sencillo y parejito como me habían dicho, una mano se me prendió del saco y detrás estaba

Ernesto Cardenal y qué abrazo, poeta, qué bueno que estuvieras ahí después del encuentro en Roma, de tantos encuentros sobre el papel a lo largo de años. Siempre me sorprende, siempre me conmueve que alguien como Ernesto venga a verme y a buscarme, vos dirás que hiervo de falsa modestia pero decilo nomás viejo, el chacal aúlla pero el ómnibus pasa, siempre seré un aficionado, alguien que desde abajo quiere tanto a algunos que un día resulta que también lo quieren, son cosas que me superan, mejor pasamos a la otra línea.

La otra línea era que Ernesto sabía que yo llegaba a Costa Rica y dale, de su isla se había venido en avión porque el pajarito que le lleva las noticias lo tenía informado de que los ticas me planeaban un viaje a Solentiname y a él le parecía irresistible la idea de venir a buscarme, con lo cual dos días después Sergio y Oscar y Ernesto y yo colmábamos la demasiado colmable capacidad de una avioneta Piper Aztec, cuyo nombre será siempre un enigma para mí pero que volaba entre hipos y borborigmos ominosos mientras el rubio piloto sintonizaba unos calipsos contrarrestantes y parecía por completo indiferente a mi noción de que el azteca nos llevaba derecho a la pirámide del sacrificio. No fue así, como puede verse, bajamos en Los Chiles y de ahí un yip igualmente tambaleante nos puso en la finca del poeta José Coronel Urteche, a quien más gente haría bien en leer y en cuya casa descansamos hablando de tantos otros amigos poetas, de Roque Dalton y de Gertrude Stein y de Carlos Martínez Rivas hasta que llegó Luis Coronel y nos fuimos para Nicaragua en su yip y en su panga de sobresaltadas velocidades. Pero antes hubo fotos de recuerdo con una cámara de esas que dejan salir ahí nomás un papelito celeste que poco a poco y maravillosamente y polaroid se va llenando de imágenes paulatinas, primero ectoplasmas inquietantes y poco a poco una nariz, un pelo crespo, la sonrisa de Ernesto con su vincha nazarena, doña María y don José recortándose contra la veranda. A todos les parecía muy normal eso porque desde luego estaban habituados a servirse de esa cámara pero yo no, a mí ver salir de la nada, del cuadradito celeste de la nada esas caras y esas sonrisas de despedida me llenaba de asombro y se los dije, me acuerdo de haberle preguntado a Oscar qué pasaría si alguna vez después de una foto de familia el papelito celeste de la nada empezara a llenarse con Napoleón a caballo, y la carcajada de don José Coronel que todo lo escuchaba como siempre, el yip, vámonos ya para el lago.

A Solentiname llegamos entrada la noche, allí esperaban Teresa y William y un poeta gringo y los otros muchachos de la comunidad; nos fuimos a dormir casi en seguida pero antes vi las pinturas en un rincón, Ernesto hablaba con su gente y sacaba de una bolsa las provisiones y regalos que traía de San José, alguien dormía en una hamaca y yo vi las pinturas en un rincón, empecé a mirarlas. No me acuerdo quién me explicó que eran trabajos de los campesinos de la zona, ésta la pintó el Vicente, ésta es de la Ramona, algunas firmadas y otras no pero todas tan hermosas, una vez más la visión primera del mundo, la mirada limpia del que describe su entorno como un canto de alabanza: vaquitas enanas en prados de amapola, la choza de azúcar de donde va saliendo la gente como hormigas, el caballo de ojos verdes contra un fondo de cañaverales, el bautismo en una iglesia que no cree en la perspectiva y se trepa o se cae sobre sí misma, el lago con botecitos como zapatos y en último plano un pez enorme que ríe con labios de color turquesa. Entonces vino Ernesto a explicarme que la venta de las pinturas ayudaba a tirar adelante, por la mañana me mostraría trabajos en madera y piedra de los campesinos y también sus propias esculturas; nos íbamos quedando dormidos pero yo seguí todavía ojeando los cuadritos amontonados en un rincón, sacando las grandes barajas de tela con las vaquitas y las flores y esa madre con dos niños en las rodillas, uno de blanco y el otro de rojo, bajo un cielo tan lleno de estrellas que la única nube quedaba como humillada en un ángulo, apretándose contra la varilla del cuadro, saliéndose ya de la tela de puro miedo.

Al otro día era domingo y misa de once, la misa de Solentiname en la que los campesinos y Ernesto y los amigos de visita comentan juntos un capítulo del evangelio que ese día era el arresto de Jesús en el huerto, un tema que la gente de Solentiname trataba como si hablaran de ellos mismos, de la amenaza de que les cayeran en la noche o en pleno día, esa vida en permanente incertidumbre de las islas y de la tierra firme y de toda Nicaragua y no solamente de toda Nicaragua sino de casi toda América Latina, vida rodeada de miedo y de muerte, vida de Guatemala y vida del Salvador, vida de la Argentina y de Bolivia, vida de Chile y de Santo Domingo, vida del Paraguay, vida de Brasil y de Colombia.

Ya después hubo que pensar en volverse y fue entonces que pensé de nuevo en los cuadros, fui a la sala de la comunidad y empecé a mirarlos a la luz delirante de mediodía, los colores más altos, los acrílicos o los óleos enfrentándose desde caballitos y girasoles y fiestas en los prados y palmares simétricos. Me acordé que tenía un rollo de color en la cámara y salí a la veranda con una brazada de cuadros; Sergio que llegaba me ayudó a tenerlos parados en la buena luz, y de uno en uno los fui fotografiando con cuidado, centrando de manera que cada cuadro ocupara enteramente el visor. Las casualidades son así: me quedaban tantas tomas como cuadros, ninguno se quedó afuera y cuando vino Ernesto a decirnos que la panga estaba lista le conté lo que había hecho y él se rio, ladrón de cuadros, contrabandista de imágenes. Sí, le dije, me los llevo todos, allá los proyectaré en mi pantalla y serán más grandes y más brillantes que éstos, jodete.

Volví a San José, estuve en La Habana y anduve por ahí haciendo cosas, de vuelta a París con un cansancio lleno de nostalgia, Claudine calladita esperándome en Orly, otra vez la vida de reloj pulsera y *merci monsieur, bonjour madame,* los comités, los cines, el vino tinto y Claudine, los cuartetos de Mozart y Claudine. Entre tanta cosa que los sapos maletas habían escupido sobre la cama y la alfombra, revistas, recortes, pañuelos y libros de poetas centroamericanos, los tubos de plástico gris con los rollos de películas, tanta cosa a lo largo de dos meses, la secuencia de la Escuela Lenín de La Habana, las calles de Trinidad, los perfiles del volcán Irazú y su cubeta de agua hirviente verde donde Samuel y yo y Sarita habíamos imaginado patos ya asados flotando entre gasas de humo azufrado. Claudine llevó los rollos a revelar, una tarde andando por el barrio latino me acordé y como tenía la boleta en el bolsillo los recogí y eran ocho, pensé en seguida en los cuadritos de Solentiname y cuando estuve en mi casa busqué en las cajas y fui mirando el primer diapositivo de cada serie, me acordaba que antes de fotografiar los cuadritos había estado sacando la misa de Ernesto, unos niños jugando entre las palmeras igualitos a las pinturas, niños y palmeras y vacas contra un fondo violentamente azul de cielo y de lago apenas un poco más verde, o a lo mejor al revés, ya no lo tenía claro. Puse en el cargador la caja de los niños y la misa, sabía que después empezaban las pinturas hasta el final del rollo.

Anochecía y yo estaba solo, Claudine vendría al salir del trabajo para escuchar música y quedarse conmigo; armé la pantalla y un ron con mucho hielo, el proyector con su cargador listo y su botón de telecomando; no hacía falta correr las cortinas, la noche servicial ya estaba ahí encendiendo las lámparas y el perfume del ron; era grato pensar que todo volvería a darse poco a poco, después de los cuadritos de Solentiname empezaría a pasar las cajas con las fotos cubanas, pero por qué los cuadritos primero, por qué la deformación profesional, el arte antes que la vida, y por qué no, le dijo el otro a éste en su eterno indesarmable diálogo fraterno y rencoroso, por qué no mirar primero las pinturas de Solentiname si también son la vida, si todo es lo mismo.

Pasaron las fotos de la misa, más bien malas por errores de exposición, los niños en cambio jugaban a plena luz y dientes tan blancos. Apretaba sin ganas el botón de cambio, me hubiera quedado tanto rato mirando cada foto pegajosa de recuerdo, pequeño mundo frágil de Solentiname rodeado de agua y de esbirros como estaba rodeado el muchacho que miré sin comprender, yo había apretado el botón y el muchacho estaba ahí en un segundo plano clarísimo, una cara ancha y lisa como llena de incrédula sorpresa mientras su cuerpo se vencía hacia adelante, el agujero nítido en mitad de la frente, la pistola del oficial marcando todavía la trayectoria de la bala, los otros a los lados con las metralletas, un fondo confuso de casas y de árboles.

Se piensa lo que se piensa, eso llega siempre antes que uno mismo y lo deja tan atrás; estúpidamente me dije que se habrían equivocado en la óptica, que me habían dado las fotos de otro cliente, pero entonces la misa, los niños jugando en el prado, entonces cómo. Tampoco mi mano obedecía cuando apreté el botón y fue un salitral interminable a mediodía con dos o tres cobertizos de chapas herrumbradas, gente amontonada a la izquierda mirando los cuerpos tendidos boca arriba, sus brazos abiertos contra un cielo desnudo y gris; había que fijarse mucho para distinguir en el fondo al grupo uniformado de espaldas y yéndose, el yip que esperaba en lo alto de una loma.

Sé que seguí; frente a eso que se resistía a toda cordura lo único posible era seguir apretando el botón, mirando la esquina de Corrientes y San Martín y el auto negro con los cuatro tipos apuntando a la vereda donde alguien corría con una camisa blanca y zapatillas, dos mujeres queriendo refugiarse detrás de un camión estacionado, alguien mirando de frente, una cara de incredulidad horrorizada, llevándose una mano al mentón como para tocarse y sentirse todavía vivo, y de golpe la pieza casi a oscuras, una sucia luz cayendo de la alta ventanilla enrejada, la mesa con la muchacha desnuda boca arriba y el pelo colgándole hasta el suelo, la sombra de espaldas metiéndole un cable entre las piernas abiertas, los dos tipos de frente hablando entre ellos, una corbata azul y un pulóver verde. Nunca supe si seguía apretando o no el botón, vi un claro de selva, una cabaña con techo de paja y árboles en primer plano, contra el tronco del más próximo un muchacho flaco mirando hacia la izquierda donde un grupo confuso, cinco o seis muy juntos le apuntaban con fusiles y pistolas; el muchacho de cara larga y un mechón cayéndole en la frente morena los miraba, una mano alzada a medias, la otra a lo mejor en el bolsillo del pantalón, era como si les estuviera diciendo algo sin apuro, casi displicentemente, y aunque la foto era borrosa yo sentí y supe y vi que el muchacho era Roque Dalton, y entonces sí apreté el botón como si con eso pudiera salvarlo de la infamia de esa muerte y alcancé a ver un auto que volaba en pedazos en pleno centro de una ciudad que podía ser Buenos Aires o Sao Paulo, seguí apretando y apretando entre ráfagas de caras ensangrentadas y pedazos de cuerpos y carreras de mujeres y de niños por una ladera boliviana o guatemalteca, de golpe la pantalla se llenó de mercurio y de nada y también de Claudine que entraba silenciosa volcando su sombra en la pantalla antes de inclinarse y besarme en el pelo y preguntar si eran lindas, si estaba contento de las fotos, si se las quería mostrar.

Corrí el cargador y volví a ponerlo en cero, uno no sabe cómo ni por qué hace las cosas cuando ha cruzado un límite que tampoco sabe. Sin mirarla, porque hubiera comprendido o simplemente tenido miedo de eso que debía ser mi cara, sin explicarle nada porque todo era un solo nudo desde la garganta hasta las uñas de los pies, me levanté y despacio la senté en mi sillón y algo debí decir de que iba a buscarle un trago y que mirara, que mirara ella mientras yo iba a buscarle un trago. En el baño creo que vomité, o solamente lloré y después vomité o no hice nada y solamente estuve sentado en el borde de la bañera dejando pasar el tiempo hasta que pude ir a la cocina y prepararle a Claudine su bebida preferida, llenársela de hielo y entonces sentir el silencio, darme cuenta de que Claudine no gritaba ni venía corriendo a preguntarme, el silencio nada más y por momentos el bolero azucarado que se filtraba desde el departamento de al lado. No sé cuánto tardé en recorrer lo que iba de la cocina al salón, ver la parte de atrás de la pantalla justo cuando ella llegaba al final y la pieza se llenaba con el reflejo del mercurio instantáneo y después la penumbra, Claudine apagando el proyector y echándose atrás en el sillón para tomar el vaso y sonreírme despacito, feliz y gata y tan contenta.

—Qué bonitas te salieron, esa del pescado que se ríe y la madre con los dos niños y las vaquitas en el campo; esperá, y esa otra del bautismo en la iglesia, decime quién los pintó, no se ven las firmas.

Sentado en el suelo, sin mirarla, busqué mi vaso y lo bebí de un trago. No le iba a decir nada, qué le podía decir ahora, pero me acuerdo que pensé vagamente en preguntarle una idiotez, preguntarle si en algún momento no había visto una foto de Napoleón a caballo. Pero no se lo pregunté, claro.

San José, La Habana, abril de 1976.

Segunda vez

No más que los esperábamos, cada uno tenía su fecha y su hora, pero eso sí, sin apuro, fumando despacio, de cuando en cuando el negro López venía con café y entonces dejábamos de trabajar y comentábamos las novedades, casi siempre lo mismo, la visita del jefe, los cambios de arriba, las performances en San Isidro. Ellos, claro, no podían saber que los estábamos esperando, lo que se dice esperando, esas cosas tenían que pasar sin escombro, ustedes proceden tranquilos, palabra del jefe, cada tanto lo repetía por las dudas, ustedes la van piano piano, total era fácil, si algo patinaba no se la iban a tomar con nosotros, los responsables estaban arriba y el jefe era de ley, ustedes tranquilos, muchachos, si hay lío aquí la cara la doy yo, lo único que les pido es que no se me vayan a equivocar de sujeto, primero la averiguación para no meter la pata y después pueden proceder nomás.

Francamente no daban trabajo, el jefe había elegido oficinas funcionales para que no se amontonaran, y nosotros los recibíamos de a uno como corresponde, con todo el tiempo necesario. Para educados nosotros, che, el jefe lo decía vuelta a vuelta y era cierto, todo sincronizado que reíte de las IBM, aquí se trabajaba con vaselina, minga de apuro ni de córranse adelante. Teníamos tiempo para los cafecitos y los pronósticos del domingo, y el jefe era el primero en venir a buscar las fijas que para eso el flaco Bianchetti era propiamente un oráculo. Así que todos los días lo mismo, llegábamos con los diarios, el negro López traía el primer café y al rato empezaban a caer para el trámite. La convocatoria decía eso, trámite que le concierne, nosotros solamente ahí esperando. Ahora que eso sí, aunque venga en papel amarillo una convocatoria siempre tiene un aire serio; por eso María Elena la había mirado muchas veces en su casa, el sello verde rodeando la firma ilegible y las indicaciones de fecha y lugar. En el ómnibus volvió a sacarla de la cartera y le dio cuerda al reloj para más seguridad. La citaban a una oficina de la calle Maza, era raro que ahí hubiera un ministerio pero su hermana había dicho que estaban instalando oficinas en cualquier parte porque los ministerios ya resultaban chicos, y apenas se bajó del ómnibus vio que debía ser cierto, el barrio era cualquier cosa, con casas de tres o cuatro pisos y sobre todo mucho comercio al por menor, hasta algunos árboles de los pocos que iban quedando en la zona.

«Por lo menos tendrá una bandera», pensó María Elena al acercarse a la cuadra del setecientos, a lo mejor era como las embajadas que estaban en los barrios residenciales pero se distinguían desde lejos por el trapo de colores en algún balcón. Aunque el número figuraba clarito en la convocatoria, la sorprendió no ver la bandera patria y por un momento se quedó en la esquina (era demasiado temprano, podía hacer tiempo) y sin ninguna razón le preguntó al del quiosco de diarios si en esa cuadra estaba la Dirección.

—Claro que está —dijo el hombre—, ahí a la mitad de cuadra, pero antes por qué no se queda un poquito para hacerme compañía, mire lo solo que estoy.

—A la vuelta —le sonrió María Elena yéndose sin apuro y consultando una vez más el papel amarillo. Casi no había tráfico ni gente, un gato delante de un almacén y una gorda con una nena que salían de un zaguán. Los pocos autos estaban estacionados a la altura de la Dirección, casi todos con alguien en el volante leyendo el diario o fumando. La entrada era angosta como todas en la cuadra, con un zaguán de mayólicas y la escalera al fondo; la chapa en la puerta parecía apenas la de un médico o un dentista, sucia y con un papel pegado en la parte de abajo para tapar alguna de las inscripciones. Era raro que no hubiese ascensor, un tercer piso y tener que subir a pie después de ese papel tan serio con el sello verde y la firma y todo.

La puerta del tercero estaba cerrada y no se veía ni timbre ni chapa. María Elena tanteó el picaporte y la puerta se abrió sin ruido; el humo del tabaco le llegó antes que las mayólicas verdosas del pasillo y los bancos a los dos lados con la gente sentada. No eran muchos, pero con ese humo y el pasillo tan angosto parecía que se tocaban con las rodillas, las dos señoras ancianas, el señor calvo y el muchacho de la corbata verde. Seguro que habían estado hablando para matar el tiempo, justo al abrir la puerta María Elena alcanzó un final de frase de una de las señoras, pero como siempre se quedaron callados de golpe mirando a la que llegaba último, y también como siempre y sintiéndose tan sonsa María Elena se puso colorada y apenas si le salió la voz para decir buenos días y quedarse parada al lado de la puerta hasta que el muchacho le hizo una seña mostrándole el banco vacío a su lado. Justo cuando se sentaba, dándole las gracias, la puerta del otro extremo del pasillo se entornó para dejar salir a un hombre de pelo colorado que se abrió paso entre las rodillas de los otros sin molestarse en pedir permiso. El empleado mantuvo la puerta abierta con un pie, esperando hasta que una de las dos señoras se enderezó dificultosamente y disculpándose pasó entre María Elena y el señor calvo; la puerta de salida y la de la oficina se cerraron casi al mismo tiempo, y los que quedaban empezaron de nuevo a charlar, estirándose un poco en los bancos que crujían.

Cada uno tenía su tema, como siempre, el señor calvo la lentitud de los trámites, si esto es así la primera vez qué se puede esperar, dígame un poco, más de media hora para total qué, a lo mejor cuatro preguntas y chau, por lo menos supongo.

—No se crea —dijo el muchacho de la corbata verde—, yo

es la segunda vez y le aseguro que no es tan corto, entre que copian todo a máquina y por ahí uno no se acuerda bien de una fecha, esas cosas, al final dura bastante.

El señor calvo y la señora anciana lo escuchaban interesados porque para ellos era evidentemente la primera vez, lo mismo que María Elena aunque no se sentía con derecho a entrar en la conversación. El señor calvo quería saber cuánto tiempo pasaba entre la primera y la segunda convocatoria, y el muchacho explicó que en su caso había sido cosa de tres días. ¿Pero por qué dos convocatorias?, quiso preguntar María Elena, y otra vez sintió que le subían los colores a la cara y esperó que alguien le hablara y le diera confianza, la dejara formar parte, no ser ya más la última. La señora anciana había sacado un frasquito como de sales y lo olía suspirando. Capaz que tanto humo la estaba descomponiendo, el muchacho se ofreció a apagar el cigarrillo y el señor calvo dijo que claro, que ese pasillo era una vergüenza, mejor apagaban los cigarrillos si se sentía mal, pero la señora dijo que no, un poco de fatiga solamente que se le pasaba en seguida, en su casa el marido y los hijos fumaban todo el tiempo, ya casi no me doy cuenta. María Elena que también había tenido ganas de sacar un cigarrillo vio que los hombres apagaban los suyos, que el muchacho lo aplastaba contra la suela del zapato, siempre se fuma demasiado cuando se tiene que esperar, la otra vez había sido peor porque había siete u ocho personas antes, y al final ya no se veía nada en el pasillo con tanto humo.

—La vida es una sala de espera —dijo el señor calvo, pisando el cigarrillo con mucho cuidado y mirándose las manos como si ya no supiera qué hacer con ellas, y la señora anciana suspiró un asentimiento de muchos años y guardó el frasquito justo cuando se abría la puerta del fondo y la otra señora salía con ese aire que todos le envidiaron, el buenos días casi compasivo al llegar a la puerta de salida. Pero entonces no se tardaba tanto, pensó María Elena, tres personas antes que ella, pongamos tres cuartos de hora, claro que en una de esas el trámite se hacía más largo con algunos, el muchacho ya había estado una primera vez y lo había dicho. Pero cuando el señor calvo entró en la oficina, María Elena se animó a preguntar para estar más segura, y el muchacho se quedó pensando y después dijo que la primera vez algunos habían tardado mucho y otros menos, nunca se podía saber. La señora anciana hizo notar que la otra señora había salido casi en seguida, pero el señor de pelo colorado había tardado una eternidad.

—Menos mal que quedamos pocos —dijo María Elena—, estos lugares deprimen.

—Hay que tomarlo con filosofía —dijo el muchacho—, no se olvide que va a tener que volver, así que mejor quedarse tranquila. Cuando yo vine la primera vez no había nadie con quien hablar, éramos un montón pero no sé, no se congeniaba, y en cambio hoy desde que llegué el tiempo va pasando bien porque se cambian ideas.

A María Elena le gustaba seguir charlando con el muchacho y la señora, casi no sintió pasar el tiempo hasta que el señor calvo salió y la señora se levantó con una rapidez que no le habrían sospechado a sus años, la pobre quería acabar rápido con los trámites.

—Bueno, ahora nosotros —dijo el muchacho—. ¿No le molesta si fumo un pitillo? No aguanto más, pero la señora parecía tan descompuesta...

—Yo también tengo ganas de fumar.

Aceptó el cigarrillo que él le ofrecía y se dijeron sus nombres, dónde trabajaban, les hacía bien cambiar impresiones olvidándose del pasillo, del silencio que por momentos parecía demasiado, como si las calles y la gente hubieran quedado muy lejos. María Elena también había vivido en Floresta pero de chica, ahora vivía por Constitución. A Carlos no le gustaba ese barrio, prefería el oeste, mejor aire, los árboles. Su ideal hubiera sido vivir en Villa del Parque, cuando se casara a lo mejor alquilaba un departamento por ese lado, su futuro suegro le había prometido ayudarlo, era un señor con muchas relaciones y en una de esas conseguía algo.

—Yo no sé por qué, pero algo me dice que voy a vivir toda mi vida por Constitución —dijo María Elena—. No está tan mal, después de todo. Y si alguna vez...

Vio abrirse la puerta del fondo y miró casi sorprendida al

muchacho que le sonreía al levantarse, ya ve cómo pasó el tiempo charlando, la señora los saludaba amablemente, parecía tan contenta de irse, todo el mundo tenía un aire más joven y más ágil al salir, como un peso que les hubieran quitado de encima, el trámite acabado, una diligencia menos y afuera la calle, los cafés donde a lo mejor entrarían a tomarse una copita o un té para sentirse realmente del otro lado de la sala de espera y los formularios. Ahora el tiempo se le iba a hacer más largo a María Elena sola, aunque si todo seguía así Carlos saldría bastante pronto, pero en una de esas tardaba más que los otros porque era la segunda vez y vaya a saber qué trámite tendría.

Casi no comprendió al principio cuando vio abrirse la puerta y el empleado la miró y le hizo un gesto con la cabeza para que pasara. Pensó que entonces era así, que Carlos tendría que quedarse todavía un rato llenando papeles y que entre tanto se ocuparían de ella. Saludó al empleado y entró en la oficina; apenas había pasado la puerta cuando otro empleado le mostró una silla delante de un escritorio negro. Había varios empleados en la oficina, solamente hombres, pero no vio a Carlos. Del otro lado del escritorio un empleado de cara enfermiza miraba una planilla; sin levantar los ojos tendió la mano y María Elena tardó en comprender que le estaba pidiendo la convocatoria, de golpe se dio cuenta y la buscó un poco perdida, murmurando excusas, sacó dos o tres cosas de la cartera hasta encontrar el papel amarillo.

—Vaya llenando esto —dijo el empleado alcanzándole un formulario—. Con mayúsculas, bien clarito.

Eran las pavadas de siempre, nombre y apellido, edad, sexo, domicilio. Entre dos palabras María Elena sintió como que algo le molestaba, algo que no estaba del todo claro. No en la planilla, donde era fácil ir llenando los huecos; algo afuera, algo que faltaba o que no estaba en su sitio. Dejó de escribir y echó una mirada alrededor, las otras mesas con los empleados trabajando o hablando entre ellos, las paredes sucias con carteles y fotos, las dos ventanas, la puerta por donde había entrado, la única puerta de la oficina. *Profesión,* y al lado la línea punteada; automáticamente rellenó el hueco. La única puerta de la oficina, pero Carlos no estaba ahí. *Antigüedad en el empleo.* Con mayúsculas, bien clarito.

Cuando firmó al pie, el empleado la estaba mirando como si hubiera tardado demasiado en llenar la planilla. Estudió un momento el papel, no le encontró defectos y lo guardó en una carpeta. El resto fueron preguntas, algunas inútiles porque ella ya las había contestado en la planilla, pero también sobre la familia, los cambios de domicilio en los últimos años, los seguros, si viajaba con frecuencia y adónde, si había sacado pasaporte o pensaba sacarlo. Nadie parecía preocuparse mucho por las respuestas, y en todo caso el empleado no las anotaba. Bruscamente le dijo a María Elena que podía irse y que volviera tres días después a las once; no hacía falta convocatoria por escrito, pero que no se le fuera a olvidar.

—Sí, señor —dijo María Elena levantándose—, entonces el jueves a las once.

—Que le vaya bien —dijo el empleado sin mirarla.

En el pasillo no había nadie, y recorrerlo fue como para todos los otros, un apurarse, un respirar liviano, unas ganas de llegar a la calle y dejar lo otro atrás. María Elena abrió la puerta de salida y al empezar a bajar la escalera pensó de nuevo en Carlos, era raro que Carlos no hubiera salido como los otros. Era raro porque la oficina tenía solamente una puerta, claro que en una de esas no había mirado bien porque eso no podía ser, el empleado había abierto la puerta para que ella entrara y Carlos no se había cruzado con ella, no había salido primero como todos los otros, el hombre del pelo colorado, las señoras, todos menos Carlos.

El sol se estrellaba contra la vereda, era el ruido y el aire de la calle; María Elena caminó unos pasos y se quedó parada al lado de un árbol, en un sitio donde no había autos estacionados. Miró hacia la puerta de la casa, se dijo que iba a esperar un momento para ver salir a Carlos. No podía ser que Carlos no saliera, todos habían salido al terminar el trámite. Pensó que acaso él tardaba porque era el único que había venido por segunda vez; vaya a saber, a lo mejor era eso. Parecía tan raro no haberlo visto en la oficina, aunque a lo mejor había una puerta disimulada por los carteles, algo que se le había escapado, pero lo mismo era raro porque todo el mundo había salido por el pasillo como ella, todos los que habían venido por primera vez habían salido por el pasillo.

Antes de irse (había esperado un rato, pero ya no podía seguir así) pensó que el jueves tendría que volver. Capaz que entonces las cosas cambiaban y que la hacían salir por otro lado aunque no supiera por dónde ni por qué. Ella no, claro, pero nosotros sí lo sabíamos, nosotros la estaríamos esperando a ella y a los otros, fumando despacito y charlando mientras el negro López preparaba otro de los tantos cafés de la mañana.

Recortes de prensa

Aunque no creo necesario decirlo, el primer recorte es real y el segundo imaginario.

El escultor vive en la calle Riquet, lo que no me parece una idea acertada pero en París no se puede elegir demasiado cuando se es argentino y escultor, dos maneras habituales de vivir difícilmente en esta ciudad. En realidad nos conocemos mal, desde pedazos de tiempo que abarcan ya veinte años; cuando me telefoneó para hablarme de un libro con reproducciones de sus trabajos más recientes y pedirme un texto que pudiera acompañarlas, le dije lo que siempre conviene decir en estos casos, o sea que él me mostraría sus esculturas y después veríamos, o más bien veríamos y después.

Fui por la noche a su departamento y al principio hubo café y finteos amables, los dos sentíamos lo que inevitablemente se siente cuando alguien le muestra su obra a otro y sobreviene ese momento casi siempre temible en que las hogueras se encenderán o habrá que admitir, tapándolo con palabras, que la leña estaba mojada y daba más humo que calor. Ya antes, por teléfono, él me había comentado sus trabajos, una serie de pequeñas esculturas cuyo tema era la violencia en todas las latitudes políticas y geográficas que abarca el hombre como lobo del hombre. Algo sabíamos de eso, una vez más dos argentinos dejando subir la marea de los recuerdos, la cotidiana acumulación del espanto a través de cables, cartas, repentinos silencios. Mientras hablábamos, él iba despejando una mesa; me instaló en un sillón propicio y empezó a traer las esculturas, las ponía bajo una luz bien pensada, me dejaba mirarlas despacio y después las hacía girar poco a poco; casi no hablábamos ahora, ellas tenían la palabra y esa palabra seguía siendo la nuestra. Una tras otra hasta completar una decena o algo así, pequeñas y filiformes, arcillosas o enyesadas, naciendo de alambres o de botellas pacientemente envueltas por el trabajo de los dedos y la espátula, creciendo desde latas vacías y objetos que sólo la confidencia del escultor me dejaba conocer por debajo de cuerpos y cabezas, de brazos y de manos. Era tarde en la noche, de la calle llegaba apenas un ruido de camiones pesados, una sirena de ambulancia.

Me gustó que en el trabajo del escultor no hubiera nada de sistemático o demasiado explicativo, que cada pieza contuviera algo de enigma y que a veces fuera necesario mirar largamente para comprender la modalidad que en ella asumía la violencia; las esculturas me parecieron al mismo tiempo ingenuas y sutiles, en todo caso sin tremendismo ni extorsión sentimental. Incluso la tortura, esa forma última en que la violencia se cumple en el horror de la inmovilidad y el aislamiento, no había sido mostrada con la dudosa minucia de tantos afiches y textos y películas que volvían a mi memoria también dudosa, también demasiado pronta a guardar imágenes y devolverlas para vaya a saber qué oscura complacencia. Pensé que si escribía el texto que me había pedido el escultor, si escribo el texto que me pedís, le dije, será un texto como esas piezas, jamás me dejaré llevar por la facilidad que demasiado abunda en este terreno.

—Eso es cosa tuya, Noemí —me dijo—. Yo sé que no es fácil, llevamos tanta sangre en los recuerdos que a veces uno se siente culpable de ponerles límites, de manearlo para que no nos inunde del todo.

—A quién se lo decís. Mirá este recorte, yo conozco a la mujer que lo firma, y estaba enterada de algunas cosas por informes de amigos. Pasó hace tres años como pudo pasar anoche o como puede estar pasando en este mismo momento en Buenos Aires o en Montevideo. Justamente antes de salir para tu casa abrí la carta de un amigo y encontré el recorte. Dame otro café mientras lo leés, en realidad no es necesario que lo leas después de lo que me mostraste, pero no sé, me sentiré mejor si también vos lo leés.

Lo que él leyó era esto:

La que suscribe, Laura Beatriz Bonaparte Bruschtein, domiciliada en Atoyac, número 26, distrito 10, Colonia Cuauhtémoc, México 5, D.F., desea comunicar a la opinión pública el siguiente testimonio:
1. Aída Leonora Bruschtein Bonaparte, nacida el 21 de mayo de 1951 en Buenos Aires, Argentina, de profesión maestra alfabetizadora.
Hecho: A las diez de la mañana del 24 de diciembre de 1975 fue secuestrada por personal del Ejército argentino (Batallón 601) en su puesto de trabajo, en Villa Miseria Monte Chingolo, cercana a la Capital Federal.
El día precedente ese lugar había sido escenario de una batalla, que había dejado un saldo de más de cien muertos, incluidas personas del lugar. Mi hija, después de secuestrada, fue llevada a la guarnición militar Batallón 601.
Allí fue brutalmente torturada, al igual que otras mujeres. Las que sobrevivieron fueron fusiladas esa misma noche de Navidad. Entre ellas estaba mi hija.
La sepultura de los muertos en combate y de los civiles secuestrados, como es el caso de mi hija, demoró alrededor de cinco días. Todos los cuerpos, incluido el de ella, fueron trasladados con palas mecánicas desde el batallón a la comisaría de Lanús, de allí al cementerio de Avellaneda, donde fueron enterrados en una fosa común.

Yo seguía mirando la última escultura que había quedado sobre la mesa, me negaba a fijar los ojos en el escultor que leía en silencio. Por primera vez escuché un tictac de reloj de pared, venía del vestíbulo y era lo único audible en ese momento en que la calle se iba quedando más y más desierta; el leve sonido me llegaba como un metrónomo de la noche, una tentativa de mantener vivo el tiempo dentro de ese agujero en que estábamos como metidos los dos, esa duración que abarcaba una pieza de París y un barrio miserable de Buenos Aires, que abolía los calendarios y nos dejaba cara a cara frente a eso, frente a lo que solamente podíamos llamar eso, todas las calificaciones gastadas, todos los gestos del horror cansados y sucios.

—*Las que sobrevivieron fueron fusiladas esa misma noche de Navidad* —leyó en voz alta el escultor—. A lo mejor les dieron pan dulce y sidra, acordate de que en Auschwitz repartían caramelos a los niños antes de hacerlos entrar en las cámaras de gas.

Debió ver cualquier cosa en mi cara, hizo un gesto de disculpa y yo bajé los ojos y busqué otro cigarrillo.

Supe oficialmente del asesinato de mi hija en el juzgado número 8 de la ciudad de La Plata, el día 8 de enero de 1976. Luego fui derivada a la comisaría de Lanús, donde después de tres horas de interrogatorio se me dio el lugar donde estaba situada la fosa. De mi hija sólo me ofrecieron ver las manos cortadas de su cuerpo y puestas en un frasco, que lleva el número 24. Lo que quedaba de su cuerpo no podía ser entregado, porque era secreto militar. Al día siguiente fui al cementerio de Avellaneda, buscando el tablón número 28. El comisario me había dicho que allí encontraría «lo que quedaba de ella, porque no podían llamarse cuerpos los que les habían sido entregados». La fosa era un espacio de tierra recién removido, de cinco metros por cinco, más o menos al fondo del cementerio. Yo sé ubicar la fosa. Fue terrible darme cuenta de qué manera habían sido asesinadas y sepultadas más de cien personas, entre las que estaba mi hija.

2. Frente a esta situación infame y de tan indescriptible crueldad, en enero de 1976, yo, domiciliada en la calle Lavalle, 730, quinto piso, distrito nueve, en la Capital Federal, entablo al Ejército argentino un juicio por asesinato. Lo hago en el mismo tribunal de La Plata, el número 8, juzgado civil.

—Ya ves, todo esto no sirve de nada —dijo el escultor, barriendo el aire con un brazo tendido—. No sirve de nada, Noemí, yo me paso meses haciendo estas mierdas, vos escribís libros, esa mujer denuncia atrocidades, vamos a congresos y a mesas redondas para protestar, casi llegamos a creer que las cosas están cambiando, y entonces te bastan dos minutos de lectura para comprender de nuevo la verdad, para...

—Sh, yo también pienso cosas así en el momento —le dije con la rabia de tener que decirlo—. Pero si las aceptara sería como mandarles a ellos un telegrama de adhesión, y además lo sabés muy bien, mañana te levantarás y al rato estarás modelando otra escultura y sabrás que yo estoy delante de mi máquina y pensarás que somos muchos aunque seamos tan pocos, y que la disparidad de fuerza no

es ni será nunca una razón para callarse. Fin del sermón. ¿Acabaste de leer? Tengo que irme, che.
Hizo un gesto negativo, mostró la cafetera.

Consecuentemente a este recurso legal mío, se sucedieron los siguientes hechos:

3. En marzo de 1976, Adrián Saidón, argentino de veinticuatro años, empleado, prometido de mi hija, fue asesinado en una calle de la ciudad de Buenos Aires por la policía, que avisó a su padre.
Su cuerpo no fue restituido a su padre, doctor Abraham Saidón, porque era secreto militar.
4. Santiago Bruschtein, argentino, nacido el 25 de diciembre de 1918, padre de mi hija asesinada, mencionada en primer lugar, de profesión doctor en bioquímica, con laboratorio en la ciudad de Morón.
Hecho: el 11 de junio de 1976, a las 12 de mediodía, llegan a su departamento de la calle Lavalle, 730, quinto piso, departamento 9, un grupo de militares vestidos de civil. Mi marido, asistido por una enfermera, se encontraba en su lecho casi moribundo, a causa de un infarto, y con un pronóstico de tres meses de vida. Los militares le preguntaron por mí y por nuestros hijos, y agregaron que: *«Cómo un judío hijo de puta puede atreverse a abrir una causa por asesinato al Ejército argentino».* Luego le obligaron a levantarse, y *golpeándolo* lo subieron a un automóvil, sin permitirle llevarse sus medicinas.
Testimonios oculares han afirmado que para la detención el Ejército y la policía usaron alrededor de veinte coches. De él no hemos sabido nunca nada más. Por informaciones no oficiales, nos hemos enterado que falleció súbitamente en los comienzos de la tortura.

—Y yo estoy aquí a miles de kilómetros discutiendo con un editor qué clase de papel tendrán que llevar las fotos de las esculturas, el formato y la tapa.
—Bah, querido, en estos días yo estoy escribiendo un cuento donde se habla nada menos que de los problemas psi-co-ló-gi-cos de una chica en el momento de la pubertad. No empieces a autotorturarte, ya basta con la verdadera, creo.
—Lo sé, Noemí, lo sé, carajo. Pero siempre es igual, siempre tenemos que reconocer que todo eso sucedió en otro espacio, sucedió en otro tiempo. Nunca estuvimos ni estaremos allí, donde acaso...
(Me acordé de algo leído de chica, quizá en Augustin Thierry, un relato de cuando un santo que vaya a saber cómo se llamaba convirtió al cristianismo a Clodoveo y a su nación, de ese momento en que le estaba describiendo a

Clodoveo el flagelamiento y la crucifixión de Jesús, y el rey se alzó en su trono blandiendo su lanza y gritando: «¡Ah, si yo hubiera estado ahí con mis francos!», maravilla de un deseo imposible, la misma rabia impotente del escultor perdido en la lectura.)

5. Patricia Villa, argentina, nacida en Buenos Aires en 1952, periodista, trabajaba en la agencia *Inter Press Service*, y es hermana de mi nuera.
Hecho: Lo mismo que su prometido, Eduardo Suárez, también periodista, fueron arrestados en septiembre de 1976 y conducidos presos a Coordinación General, de la policía federal de Buenos Aires. Una semana después del secuestro, se le comunica a su madre, que hizo las gestiones legales pertinentes, que lo lamentaban, que había sido un error. Sus cuerpos no han sido restituidos a sus familiares.
6. Irene Mónica Bruschtein Bonaparte de Ginzberg, de veintidós años, de profesión artista plástica, casada con Mario Ginzberg, maestro mayor de obras, de veinticuatro años.
Hecho: El día 11 de marzo de 1977, a las 6 de la mañana, llegaron al departamento donde vivían fuerzas conjuntas del Ejército y la policía, llevándose a la pareja y dejando a sus hijitos: Victoria, de dos años y seis meses, y Hugo Roberto, de un año y seis meses, abandonados en la puerta del edificio. Inmediatamente hemos presentado recurso de *habeas corpus,* yo, en el consulado de México, y el padre de Mario, mi consuegro, en la Capital Federal.
He pedido por mi hija Irene y Mario, denunciando esta horrenda secuencia de hechos a: Naciones Unidas, OEA, Amnesty International, Parlamento Europeo, Cruz Roja, etc.
No obstante, hasta ahora no he recibido noticias de su lugar de detención. Tengo una firme esperanza de que todavía estén con vida.
Como madre, imposibilitada de volver a Argentina, por la situación de persecución familiar que he descrito, y como los recursos legales han sido anulados, pido a las instituciones y personas que luchan por la defensa de los derechos humanos a fin de que se inicie el procedimiento necesario para que me restituyan a mi hija Irene y a su marido Mario, y poder así salvaguardar las vidas y la libertad de ellos.
Firmado, Laura Beatriz Bonaparte Bruschstein. (De *El País,* octubre de 1978, reproducido en *Denuncia,* diciembre de 1978.)

El escultor me devolvió el recorte, no dijimos gran cosa porque nos caíamos de sueño, sentí que estaba contento de que yo hubiera aceptado acompañarlo en su libro, sólo entonces me di cuenta de que hasta el final había dudado porque tengo fama de muy ocupada, quizá de egoísta, en todo caso de escritora metida a fondo en lo suyo. Le pregunté si había una parada de taxis cerca y salí a la calle desierta y fría y demasiado ancha para mi gusto en París. Un golpe de viento me obligó a levantarme el cuello del tapado, oía mis pasos taconeando secamente en el silencio, marcando ese ritmo en el que la fatiga y las obsesiones insertan tantas veces una melodía que vuelve y vuelve, o una frase de un poema, sólo me ofrecieron ver sus manos cortadas de su cuerpo y puestas en un frasco, que lleva el número veinticuatro, sólo me ofrecieron ver sus manos cortadas de su cuerpo, reaccioné bruscamente rechazando la marea recurrente, forzándome a respirar hondo, a pensar en mi trabajo del día siguiente; nunca supe por qué había cruzado a la acera de enfrente, sin ninguna necesidad puesto que la calle desembocaba en la plaza de la Chapelle donde tal vez encontraría algún taxi, daba igual seguir por una vereda o la otra, crucé porque sí, porque ni siquiera me quedaban fuerzas para preguntarme por qué cruzaba.

La nena estaba sentada en el escalón de un portal casi perdido entre los otros portales de las casas altas y angostas apenas diferenciables en esa cuadra particularmente oscura. Que a esa hora de la noche y en esa soledad hubiera una nena al borde de un peldaño no me sorprendió tanto como su actitud, una manchita blanquecina con las piernas apretadas y las manos tapándole la cara, algo que también hubiera podido ser un perro o un cajón de basura abandonado a la entrada de la casa. Miré vagamente en torno; un camión se alejaba con sus débiles luces amarillas, en la acera de enfrente un hombre caminaba encorvado, la cabeza hundida en el cuello alzado del sobretodo y las manos en los bolsillos. Me detuve, miré de cerca; la nena tenía unas trencitas ralas, una pollera blanca y una tricota rosa, y cuando apartó las manos de la cara le vi los ojos y las mejillas y ni siquiera la semioscuridad podía borrar las lágrimas, el brillo bajándole hasta la boca.

—¿Qué te pasa? ¿Qué haces ahí?

La sentí aspirar fuerte, tragarse lágrimas y mocos, un hipo o un puchero, le vi la cara de lleno alzada hasta mí, la nariz minúscula y roja, la curva de una boca que temblaba. Repetí las preguntas, vaya a saber qué le dije agachándome hasta sentirla muy cerca.

—Mi mamá —dijo la nena, hablando entre jadeos—. Mi papá le hace cosas a mi mamá.

Tal vez iba a decir más pero sus brazos se tendieron y la

sentí pegarse a mí, llorar desesperadamente contra mi cuello; olía a sucio, a bombacha mojada. Quise tomarla en brazos mientras me levantaba, pero ella se apartó, mirando hacia la oscuridad del corredor. Me mostraba algo con un dedo, empezó a caminar y la seguí, vislumbrando apenas un arco de piedra y detrás la penumbra, un comienzo de jardín. Silenciosa salió al aire libre, aquello no era un jardín sino más bien un huerto con alambrados bajos que delimitaban zonas sembradas, había bastante luz para ver los almácigos raquíticos, las cañas que sostenían plantas trepadoras, pedazos de trapos como espantapájaros; hacia el centro se divisaba un pabellón bajo remendado con chapas de zinc y latas, una ventanilla de la que salía una luz verdosa. No había ninguna lámpara encendida en las ventanas de los inmuebles que rodeaban el huerto, las paredes negras subían cinco pisos hasta mezclarse con un cielo bajo y nublado.

La nena había ido directamente al estrecho paso entre dos canteros que llevaba a la puerta del pabellón; se volvió apenas para asegurarse de que la seguía, y entró en la barraca. Sé que hubiera debido detenerme ahí y dar media vuelta, decirme que esa niña había soñado un mal sueño y se volvía a la cama, todas las razones de la razón que en ese momento me mostraban el absurdo y acaso el riesgo de meterme a esa hora en casa ajena; tal vez todavía me lo estaba diciendo cuando pasé la puerta entornada y vi a la nena que me esperaba en un vago zaguán lleno de trastos y herramientas de jardín. Una raya de luz se filtraba bajo la puerta del fondo, y la nena me la mostró con la mano y franqueó casi corriendo el resto del zaguán, empezó a abrir imperceptiblemente la puerta. A su lado, recibiendo en plena cara el rayo amarillento de la rendija que se ampliaba poco a poco, olí un olor a quemado, oí algo como un alarido ahogado que volvía y volvía y se cortaba y volvía; mi mano dio un empujón a la puerta y abarqué el cuarto infecto, los taburetes rotos y la mesa con botellas de cerveza y vino, los vasos y el mantel de diarios viejos, más allá la cama y el cuerpo desnudo y amordazado con una toalla manchada, las manos y los pies atados a los parantes de hierro. Dándome la espalda, sentado en un banco, el papá de la nena le hacía cosas a la mamá; se tomaba su tiempo, llevaba lentamente el cigarrillo a la boca, dejaba salir poco a poco el humo por la nariz mientras la brasa del cigarrillo bajaba a apoyarse en un seno de la mamá, permanecía el tiempo que duraban los alaridos sofocados por la toalla envolviendo la boca y la cara salvo los ojos. Antes de comprender, de aceptar ser parte de eso, hubo tiempo para que el papá retirara el cigarrillo y se lo llevara nuevamente a la boca, tiempo de avivar la brasa y saborear el excelente tabaco francés, tiempo para que yo viera el cuerpo quemado desde el vientre hasta el cuello, las manchas moradas o rojas que subían desde los muslos y el sexo hasta los senos donde ahora volvía a apoyarse la brasa con una escogida delicadeza, buscando un espacio de la piel sin cicatrices. El alarido y la sacudida del cuerpo en la cama que crujió bajo el espasmo se mezclaron con cosas y con actos que no escogí y que jamás podré explicarme; entre el hombre de espaldas y yo había un taburete desvencijado, lo vi alzarse en el aire y caer de canto sobre la cabeza del papá; su cuerpo y el taburete rodaron por el suelo casi en el mismo segundo. Tuve que echarme hacia atrás para no caer a mi vez, en el movimiento de alzar el taburete y descargarlo había puesto todas mis fuerzas que en el mismo instante me abandonaban, me dejaban sola como un pelele tambaleante; sé que busqué apoyo sin encontrarlo, que miré vagamente hacia atrás y vi la puerta cerrada, la nena ya no estaba ahí y el hombre en el suelo era una mancha confusa, un trapo arrugado. Lo que vino después pude haberlo visto en una película o leído en un libro, yo estaba ahí como sin estar pero estaba con una agilidad y una intencionalidad que en un tiempo brevísimo, si eso pasaba en el tiempo, me llevó a encontrar un cuchillo sobre la mesa, cortar las sogas que ataban a la mujer, arrancarle la toalla de la cara y verla enderezarse en silencio, ahora perfectamente en silencio como si eso fuera necesario y hasta imprescindible, mirar el cuerpo en el suelo que empezaba a contraerse desde una inconsciencia que no iba a durar, mirarme a mí sin palabras, ir hacia el cuerpo y agarrarlo por los brazos mientras yo le sujetaba las piernas y con un doble envión lo tendíamos en la cama, lo atábamos con las mismas cuerdas presurosamente recompuestas y anudadas, lo atábamos y lo amordazábamos dentro de ese silencio donde algo parecía vibrar y temblar en un sonido ultrasónico. Lo que sigue no lo sé, veo a la mujer siempre desnuda, sus manos arrancando pedazos de ropa, desabotonando un pantalón y bajándolo hasta arrugarlo contra los pies, veo sus ojos en los míos, un solo par de ojos desdoblados y cuatro manos arrancando y rompiendo y desnudando, chaleco y camisa y slip, ahora que tengo que recordarlo y que tengo que escribirlo mi maldita condición y mi dura memoria me traen otra cosa indeciblemente vivida pero no vista, un pasaje de un cuento de Jack London en el que un trampero del norte lucha por ganar una muerte limpia mientras a su lado, vuelto una cosa sanguinolenta que todavía guarda un resto de conciencia, su camarada de aventuras aúlla y se retuerce torturado por las mujeres de la tribu que hacen de él una horrorosa prolongación de vida entre espasmos y alaridos, matándolo sin matarlo, exquisitamente refinadas en cada nueva variante jamás descrita pero ahí, como nosotras ahí jamás descritas y haciendo lo que debíamos, lo que teníamos que hacer. Inútil preguntarse ahora por qué estaba yo en eso, cuál era mi derecho y mi parte en eso que sucedía bajo mis ojos que sin duda vieron, que sin duda recuerdan como la imaginación de London debió ver y recordar lo que su mano no era capaz de escribir. Sólo sé que la nena no estaba con nosotras desde mi entrada en la pieza, y que ahora la mamá le hacía cosas al papá, pero quién sabe si solamente la mamá o si eran otra vez las ráfagas de la noche, pedazos de imágenes volviendo desde un recorte de diario, las manos cortadas de su cuerpo y puestas en un frasco que lleva el número 24, por informantes no oficiales nos hemos enterado que falleció súbitamente en los comienzo de la tortura, la toalla en la boca, los cigarrillos encendidos, y Victoria, de dos años y seis meses, y Hugo Roberto, de un año y seis meses, abandonados en la puerta del edificio. Cómo saber cuánto duró, cómo entender que también yo, también yo aunque me creyera del buen lado también yo, cómo aceptar que también yo ahí del otro lado de manos cortadas y de fosas comunes, también yo del otro lado de las muchachas torturadas y fusiladas esa misma noche de Navidad, el resto es un dar la espalda, cruzar el huerto golpéandome contra un alambrado y abriéndome una rodilla, salir a la calle helada y desierta y llegar a la Chapelle y encontrar casi en seguida el taxi que me trajo a un vaso tras otro de vodka y a un sueño del que me desperté a mediodía, cruzada en la cama y vestida de pies a cabeza, con la rodilla sangrante y ese dolor de cabeza acaso providencial que da la vodka pura cuando pasa del gollete a la garganta.

Trabajé toda la tarde, me parecía inevitable y asombroso ser capaz de concentrarme hasta ese punto; al anochecer llamé por teléfono al escultor que parecía sorprendido por mi temprana reaparición, le conté lo que me había pasado, se lo escupí de un solo tirón que él respetó, aunque por momentos lo oía toser o intentar un comienzo de pregunta.

—De modo que ya ves —le dije—, ya ves que no me ha llevado demasiado tiempo darte lo prometido.

—No entiendo —dijo el escultor—. Si querés decir el texto sobre...

—Sí, quiero decir eso. Acabo de leértelo, ése es el texto. Te lo mandaré apenas lo haya pasado en limpio, no quiero tenerlo más aquí.

Dos o tres días después, vividos en una bruma de pastillas y tragos y discos, cualquier cosa que fuera una barricada salí a la calle para comprar provisiones, la heladera estaba vacía y Mimosa maullaba al pie de mi cama. Encontré una carta en el buzón, la gruesa escritura del escultor en el sobre. Había una hoja de papel y un recorte de diario, empecé a leer mientras caminaba hacia el mercado y sólo después me di cuenta de que al abrir el sobre había desgarrado y perdido una parte del recorte. El escultor me agradecía el texto para su álbum, insólito pero al parecer muy mío, fuera de todas las costumbres usuales en los álbumes artísticos aunque eso no le importaba como sin duda no me había importado a mí. Había una posdata: «En vos se ha perdido una gran actriz dramática, aunque por suerte se salvó una excelente escritora. La otra tarde creí por un momento que me estabas contando algo que te había pasado de veras, después por casualidad leí *France-Soir* del que me permito recortarte la fuente de tu notable experiencia personal. Es cierto que un escritor puede argumentar que si su inspiración le viene de la realidad, e incluso de las noticias de policía, lo que él es capaz de hacer con eso lo potencia a otra dimensión, le da un valor diferente. De todas maneras, querida Noemí, somos demasiado amigos como para que te haya parecido necesario condicionarme por adelantado a tu texto y desplegar tus talentos dramáticos en el teléfono. Pero dejémoslo así, ya sabés cuánto te agradezco tu cooperación y me siento muy feliz de...».

Miré el recorte y vi que lo había roto inadvertidamente, el sobre y el pedazo pegado a él estarían tirados en cualquier parte. La noticia era digna de *France-Soir* y de su estilo: drama atroz en un suburbio de Marsella, descubrimiento macabro de un crimen sádico, ex plomero atado y amordazado en un camastro, el cadáver etcétera, vecinos furtivamente al tanto de repetidas escenas de violencia, hija pequeña ausente desde días atrás, vecinos sospechando abandono, policía busca concubina, el horrendo espectáculo que se ofreció a los, el recorte se interrumpía ahí, al fin y al cabo al mojar demasiado el cierre del sobre el escultor había hecho lo mismo que Jack London, lo mismo que Jack London y que mi memoria; pero la foto del pabellón estaba entera y era el pabellón en el huerto, los alambrados y las chapas de zinc, las altas paredes rodeándolo con sus ojos ciegos, vecinos furtivamente al tanto, vecinos sospechando abandono, todo ahí golpeándome la cara entre los pedazos de la noticia.

Tomé un taxi y me bajé en la calle Riquet, sabiendo que era una estupidez y haciéndolo porque así se hacen las estupideces. En pleno día eso no tenía nada que ver con mi recuerdo y aunque caminé mirando cada casa y crucé la acera opuesta como recordaba haberlo hecho, no reconocí ningún portal que se pareciera al de esa noche, la luz caía sobre las cosas como una infinita máscara, portales pero no como el portal, ningún acceso a un huerto interior, sencillamente porque ese huerto estaba en los suburbios de Marsella. Pero la nena sí estaba, sentada en el escalón de una entrada cualquiera jugaba con una muñeca de trapo. Cuando le hablé se escapó corriendo hasta la primera puerta, una portera vino antes de que yo pudiera llamar. Quiso saber si era una asistenta social, seguro que venía por la nena que ella había encontrado perdida en la calle, esa misma mañana habían estado unos señores para identificarla, una asistenta social vendría a buscarla. Aunque ya lo sabía, antes de irme pregunté por su apellido, después me metí en un café y al dorso de la carta del escultor le escribí el final del texto y fui a pasarlo por debajo de su puerta, era justo que conociera el final, que el texto quedara completo para acompañar sus esculturas.

Satarsa

Adán y raza, azar y nada.

Cosas así para encontrar el rumbo, como ahora lo de atar a la rata, otro palindroma pedestre y pegajoso, Lozano ha sido siempre un maniático de esos juegos que no parece ver como tal puesto que todo se le da a la manera de un espejo que miente y al mismo tiempo dice la verdad, le dice la verdad a Lozano porque le muestra su oreja derecha, pero a la vez le miente porque Laura y cualquiera que lo mire verá la oreja derecha como la oreja izquierda de Lozano, aunque simultáneamente la definan como su oreja derecha; simplemente la ven a la izquierda, cosa que ningún espejo puede hacer, incapaz de esa corrección mental, y por eso el espejo le dice a Lozano una verdad y una mentira, y eso lo lleva desde hace mucho a pensar como delante de un espejo; si atar a la rata no da más que eso, las variantes merecen reflexión, y entonces Lozano mira el suelo y deja que las palabras jueguen solas mientras que él las espera como los cazadores de Calagasta esperan a las ratas gigantes para cazarlas vivas.

Puede seguir así durante horas, aunque en este momento la cuestión concreta de las ratas no le deja demasiado tiempo para perderse en las posibles variantes. Que todo eso sea casi deliberadamente insano no le extraña, a veces se encoge de hombros como si quisiera sacarse de encima algo que no consigue explicar, con Laura se ha habituado a hablar de la cuestión de las ratas como si fuera la cosa más normal y en realidad lo es, por qué no va a ser normal cazar ratas gigantes en Calagasta, salir con el pardo Illa y con Yarará a cazar ratas. Esa misma tarde tendrán que acercarse de nuevo a las colinas del norte porque pronto habrá un nuevo embarque de ratas y hay que aprovecharlo al máximo, la gente de Calagasta lo sabe y anda a las batidas por el monte aunque sin acercarse a las colinas, y las ratas también lo saben, por supuesto, y cada vez es más difícil campearlas y sobre todo capturarlas vivas.

Por todas esas cosas a Lozano no le parece nada absurdo que la gente de Calagasta viva ahora casi exclusivamente de la captura de las ratas gigantes, y es en el momento en que prepara unos lazos de cuero muy delgado y que le salta el palindroma de atar a la rata y se queda con un lazo quieto en la mano, mirando a Laura que cocina canturreando, y piensa que el palindroma miente y dice la verdad como todo espejo, claro que hay que atar a la rata porque esa la única manera de mantenerla viva hasta enjaularla(s) y dárselas a Porsena que estiba las jaulas en el camión que cada jueves sale para la costa donde espera el barco. Pero también es una mentira porque nadie ha atado jamás una rata gigante como no sea metafóricamente, sujetándola del cuello con una horquilla y enlazándola hasta meterla en la jaula, siempre con las manos bien lejos de la boca sanguinolenta y de las garras como vidrios manoteando el aire. Nadie atará nunca a una rata, y menos desde la última luna en que Illa, Yarará y los otros han sentido que las ratas desplegaban nuevas estrategias, se volvían aún más peligrosas por invisibles y agazapadas en refugios que antes no empleaban, y que cazarlas se va a volver cada vez más difícil ahora que las ratas los conocen y hasta los desafían.

—Todavía tres o cuatro meses —le dice Lozano a Laura, que está poniendo los platos en la mesa bajo el alero del rancho—. Después podremos cruzar al otro lado, las cosas parecen más tranquilas.

—Puede ser —dice Laura—, en todo caso mejor no pensar, cuántas veces nos ha ocurrido equivocarnos.

—Sí. Pero no nos vamos a quedar siempre aquí cazando ratas.

—Es mejor que pasar al otro lado a destiempo y que las ratas seamos nosotros para ellos.

Lozano ríe, anuda otro lazo. Es cierto que no están tan mal, Porsena paga al contado las ratas y todo el mundo vive de eso, mientras sea posible cazarlas habrá comida en Calagasta, la compañía danesa que manda los barcos a la costa necesita cada vez más ratas para Copenhague, Porsena cree saber que las usan para experiencias de genética en los laboratorios. Por lo menos que sirvan para eso, dice a veces Laura.

Desde la cuna que Lozano ha fabricado con un cajón de cerveza viene la primera protesta de Laurita. El cronómetro, la llama Lozano, el lloriqueo en el segundo exacto en que Laura está terminando de preparar la comida y se ocupa del biberón. Casi no necesitan un reloj con Laurita, les da la hora mejor que el bip-bip de la radio, dice riéndose Laura que ahora la levanta en brazos y le muestra el biberón, Laurita sonriente y ojos verdes, el muñón golpeando en la palma de la mano izquierda como en un remedo de tambor, el diminuto antebrazo rosado que termina en una lisa semiesfera de piel; el doctor Fuentes (que no es doctor pero da igual en Calagasta) ha hecho un trabajo perfecto y no hay casi huella de cicatriz, como si Laurita no hubiera tenido nunca una mano ahí, la mano que le comieron las ratas cuando la gente de Calagasta empezó a cazarlas a cambio de la plata que pagaban los daneses y las ratas se replegaron hasta que un día fue el contraataque, la rabiosa invasión nocturna seguida de fugas vertignosas, la guerra abierta, y mucha gente renunció a cazarlas para solamente defenderse con trampas y escopetas, y buena parte volvió a cultivar la mandioca o a trabajar en otros pueblos de la montaña. Pero otros siguieron cazándolas, Porsena pagaba al contado y el camión salía cada jueves hacia la costa, Lozano fue el primero en decirle que seguiría cazando ratas, se lo dijo ahí mismo en el rancho mientras Porsena miraba a rata que Lozano había matado a patadas mientras Laura corría con

Laurita a lo del doctor Fuentes y ya no se podía hacer nada, solamente cortar lo que quedaba colgando y conseguir esa cicatriz perfecta para que Laurita inventara su tamborcito, su silencioso juego.

Al pardo Illa no le molesta que Lozano juegue tanto con las palabras, quién no es loco a su manera, piensa el pardo, pero le gusta menos que Lozano se deje llevar demasiado y por ahí quiera que las cosas se ajusten a sus juegos, que él y Yarará y Laura lo sigan por ese camino como en tantas otras cosas lo han seguido en esos años desde la fuga por las quebradas del norte después de las masacres. En esos años, piensa Illa, ya ni sabemos si fueron semanas o años, todo era verde y continuo, la selva con su tiempo propio, sin soles ni estrellas, y después las quebradas, un tiempo rojizo, tiempo de piedra y torrentes y hambre, sobre todo hambre, querer contar los días o las semanas era como tener todavía más hambre, entonces habían seguido los cuatro, primero los cinco pero Ríos se mató en un despeñadero y Laura estuvo a punto de morirse de frío en la montaña, ya que estaba de seis meses y se cansaba pronto, tuvieron que quedarse vaya a saber cuánto abrigándola con fuegos de pasto seco hasta que pudo caminar, a veces el pardo Illa vuelve a ver a Lozano llevando a Laura en brazos y Laura no queriendo, diciendo que ya está bien, que puede caminar, y seguir hacia el norte, hasta la noche en que los cuatro vieron las lucecitas de Calagasta y supieron que por el momento todo iría bien, que esa noche comerían en algún rancho aunque después los denunciaran y llegara el primer helicóptero a matarlos. Pero no los denunciaron, ahí ni siquiera conocían las posibles razones para denunciarlos, ahí todo el mundo se moría de hambre como ellos hasta que alguien descubrió a las ratas gigantes cerca de las colinas y Porsena tuvo la idea de mandar una muestra a la costa.

—Atar a la rata no es más que atar a la rata —dice Lozano—. No tiene ninguna fuerza porque no te enseña nada nuevo y porque además nadie puede atar a una rata. Te quedás como al principio, esa es la joda con los palindromas.

—Ajá —dice el pardo Illa.

—Pero si lo pensás en plural todo cambia. Atar a las ratas no es lo mismo que atar a la rata.

—No parece muy diferente.

—Porque ya no vale como palindroma —dice Lozano—. Nomás que ponerlo en plural y todo cambia, te nace una cosa nueva, ya no es el espejo o es un espejo diferente que te muestra algo que no conocías.

—¿Qué tiene de nuevo?

—Tiene que atar a las ratas te da Satarsa la rata.

—¿Satarsa?

—Es un nombre, pero todos los nombres aíslan y definen. Ahora sabés que hay una rata que se llama Satarsa. Todas tendrán nombres, seguro, pero ahora hay una que se llama Satarsa.

—¿Y qué ganás con saberlo?

—Tampoco sé, pero sigo. Anoche pensé en dar vuelta el asunto, desatar en vez de atar. Y en cuanto pensé en desatarlas vi la palabra al revés y daba sal, rata, sed. Cosas nuevas, fijate, la sal y la sed.

—No tan nuevas —dice Yarará que escucha de lejos—, aparte de que siempre andan juntas.

—Ponele —dice Lozano—, pero muestran un camino, a lo mejor es la única manera de acabar con ellas.

—No las acabemos tan pronto —se ríe Illa—, de qué vamos a vivir si se acaban.

Laura trae el primer mate y espera, apoyándose un poco en el hombro de Lozano. El pardo Illa vuelve a pensar que Lozano juega demasiado con las palabras, que en una de esas se va a bandear del todo, que todo se va a ir al diablo.

Lozano también lo piensa mientras prepara los lazos de cuero, y cuando se queda solo con Laura y Laurita les habla de eso, les habla a las dos como si Laurita pudiera comprender y a Laura le gusta que incluya a su hija, que estén los tres más juntos mientras Lozano les habla de Satarsa o de cómo salar el agua para acabar con las ratas.

—Para atarlas de veras —se ríe Lozano—. Fijate si no es curioso, el primer palindroma que conocí en mi vida también hablaba de atar a alguien, no se sabe a quién, pero a lo mejor ya era Satarsa. Lo leí en un cuento donde había muchos palindromas pero solamente me recuerdo de ese.

—Me lo dijiste una vez en Mendoza, creo, se me ha borrado.

—Atale, demoníaco Caín, o me delata —dice cadenciosamente Lozano, casi salmodiando para Laurita que se ríe en la cuna y juega con su ponchito blanco.

Laura asiente, es cierto que ya están queriendo a atar a alguien en ese palindroma, pero para atarlo tienen que pedírselo nada menos que a Caín. Tratándolo de demoníaco por si fuera poco.

—Bah —dice Lozano—, la convención de siempre, la buena conciencia arrastrándose en la historia desde el vamos, Abel el bueno y Caín el malo como en las viejas películas de cowboys.

—El muchacho y el villano —se acuerda Laura casi nostálgica.

—Claro que si el inventor de ese palindroma se hubiera llamado Baudelaire, lo de demoníaco no sería negativo, sino todo lo contrario. ¿Te acordás?

—Un poco —dice Laura—. Raza de Abel, duerme, bebe y come, Dios te sonríe complacido.

—Raza de Caín, repta y muere miserablemente en el fango.

—Sí, y en una parte dice algo como raza de Abel, tu carroña abonará el suelo humeante, y después dice raza de Caín, arrastra a tu familia desesperada a lo largo de los caminos, algo así.

—Hasta que las ratas devoren a tus hijos —dice Lozano casi sin voz.

Laura hunde la cara en las manos, hace ya tanto que ha aprendido a llorar en silencio, sabe que Lozano no va a tratar de consolarla, Laurita sí, que encuentra divertido el gesto y se ríe hasta que Laura baja las manos y le hace una mueca cómplice. Ya va siendo la hora del mate.

Yarará piensa que el pardo Illa tiene razón y que en una de esas la chifladura de Lozano va a acabar con esa tregua en la que por lo menos están a salvo, por lo menos viven con la gente de Calagasta y se quedan ahí porque no se puede hacer otra cosa, esperando que el tiempo aplaste un poco los recuerdos del otro lado y que también los del otro lado se vayan olvidando de que no pudieron atraparlos, de que en algún lugar perdido están vivos y por eso culpables, por eso la cabeza a precio, incluso la del pobre Ruiz despeñado de un barranco hace tanto tiempo.

—Es cuestión de no seguirle la corriente —piensa Illa en voz alta—. Yo no sé, para mí siempre es el jefe, tiene eso, comprendés, no sé qué, pero lo tiene y a mí me basta.

—Lo jodió la educación —dice Yarará—. Se la pasa pensando o leyendo, eso es malo.

—Puede. Yo no sé si es eso, Laura también fue a la facultad y ya ves, no se le nota. No me parece que sea la educación, lo que lo pone loco es que estemos embretados en este agujero, y lo que pasó con Laurita, pobre gurisa.

—Vengarse —dice Yarará—. Lo que quiere es vengarse.

—Todos queremos vengarnos, unos de los milicos y otros de las ratas, es difícil guardar la cabeza fresca.

A Illa se le ocurre que la locura de Lozano no cambia nada, que las ratas siguen ahí y que es difícil cazarlas, que la gente de Calagasta no se anima a ir demasiado lejos porque se acuerdan de los cuentos, del esqueleto del viejo Millán o de la mano de Laurita. Pero también ellos están locos, y sobre todo Porsena con el camión y las jaulas, y los de la costa y los daneses están todavía más locos gastando plata en ratas para vaya a saber qué. Eso no puede durar mucho, hay chifladuras que se cortan de golpe y entonces será de nuevo el hambre, la mandioca cuando haya, los chicos muriéndose con las barrigas hinchadas. Por eso mejor estar locos, al fin y al cabo.

—Mejor estar locos —dice Illa, y Yarará lo mira sorprendido y después se ríe, asiente casi.

—Cuestión de no seguirle el tren cuando la empieza con Satarsa y la sal y esas cosas, total no cambia nada, él es siempre el mejor cazador.

—Ochenta y dos ratas —dice Illa—. Le batió el récord a Juan López, que andaba en las setenta y ocho.

—No me hagás pasar calor —dice Yarará—, yo con mis treinta y cinco apenas.

—Ya ves —dice Illa—, ya ves que él siempre es el jefe, por donde lo busques.

Nunca se sabe bien cómo llegan las noticias, de golpe hay alguien que sabe algo en el almacén del turco Adab, casi nunca indica la fuente, pero la gente vive tan aislada que las noticias llegan como una bocanada del viento del oeste, el único capaz de traer un poco de fresco y a veces de lluvia. Tan raro como las noticias, tan breve como el agua que acaso salvará los cultivos siempre amarillos, siempre enfermos. Una noticia ayuda a seguir tirando, aunque sea mala.

Laura se entera por la mujer de Adab, vuelve al rancho y la dice en voz baja como si Laurita pudiera comprender, le alcanza otro mate a Lozano que lo chupa despacio, mirando el suelo donde un bicho negro progresa despacio hacia el fogón. Alargando apenas la pierna aplasta al bicho y termina el mate, lo devuelve a Laura sin mirarla, de mano a mano como tantas veces, como tantas cosas.

—Habrá que irse —dice Lozano—. Si es cierto, estarán muy pronto aquí.

—¿Y adónde?

—No sé, y aquí nadie lo sabrá tampoco, viven como si fueran los primeros o los últimos hombres. A la costa en el camión, supongo, Porsena estará de acuerdo.

—Parece un chiste —dice Yarará, que arma un cigarrillo con lentos movimientos de alfarero—. Irnos con las jaulas de las ratas, date cuenta. ¿Y después?

—Después no es problema —dice Lozano—. Pero hace falta plata para ese después. La costa no es Calagasta, habrá que pagar para que nos abran camino al norte.

—Pagar —dice Yarará—. A eso habremos llegado, tener que cambiar ratas por la libertad.

—Peor son ellos que cambian la libertad por ratas —dice Lozano.

Desde su rincón donde se obstina en remendar una bota irremediable, Illa se ríe como si tosiera. Otro juego de palabras, pero hay veces en que Lozano da en el blanco y entonces casi parece que tuviera razón con su manía de andar dando vuelta los guantes, de verlo todo desde la otra

punta. La cábala del pobre, ha dicho alguna vez Lozano.
—La cuestión es la gurisa —dice Yarará—. No nos podemos meter en el monte con ella.
—Seguro —dice Lozano—, pero en la costa se puede encontrar algún pesquero que nos deje más arriba, es cuestión de suerte y de plata.
Laura le tiende un mate y espera, pero ninguno dice nada.
—Yo pienso que ustedes dos deberían irse ahora —dice Laura sin mirar a nadie—. Lozano y yo veremos, no hay por qué demorarse más, váyanse ya por la montaña.
Yarará enciende un cigarrillo y se llena la cara de humo. No es bueno el tabaco de Calagasta, hace llorar los ojos y le da tos a todo el mundo.
—¿Alguna vez encontraste una mujer más loca? —le dice a Illa.
—No, che. Claro que a lo mejor quiere librarse de nosotros.
—Váyanse a la mierda —dice Laura dándoles la espalda, negándose a llorar.
—Se puede conseguir suficiente plata —dice Lozano—. Si cazamos bastantes ratas.
—Si cazamos.
—Se puede —insiste Lozano—. Es cosa de empezar hoy mismo, irnos a buscarlas. Porsena nos dará la plata y nos dejará viajar en el camión.
—De acuerdo —dice Yarará—, pero del dicho al hecho ya se sabe.
Laura espera, mira los labios de Lozano como si así pudiera no verle los ojos clavados en una distancia vacía.
—Habrá que ir hasta las cuevas —dice Lozano—. No decirle nada a nadie, llevar todas las jaulas en la carreta del tape Guzmán. Si decimos algo nos van a salir con lo del viejo Millán y no van a querer que vayamos, ya sabés que nos aprecian. Pero el viejo tampoco les dijo nada esa vez y fue por su cuenta.
—Mal ejemplo —dice Yarará.
—Porque iba solo, porque le fue mal, por lo que quieras. Nosotros somos tres y no somos viejos. Si las acorralamos en la cueva, porque yo creo que es una sola cueva y no

muchas, las fumigamos hasta hacerlas salir. Laura nos va a cortar esa piel de vaca para envolvernos bien las piernas arriba de las botas. Y con la plata podemos seguir al norte.

—Por las dudas llevamos todos los cartuchos —le dice Illa a Laura—. Si tu marido tiene razón habrá ratas de sobra para llenar diez jaulas, y las otras que se pudran a tiro limpio, carajo.

—El viejo Millán también llevaba la escopeta —dice Yarará—. Pero claro, era viejo y estaba solo.

Saca el cuchillo y lo prueba en un dedo, va a descolgar la piel de vaca y empieza a cortarla en tiras regulares. Lo va a hacer mejor que Laura, las mujeres no saben manejar cuchillos.

El zaino tira siempre hacia la izquierda, aunque el tobiano aguanta y la carreta sigue abriendo una vaga huella, derecho al norte en los pastizales; Yarará tiende más las riendas, le grita al zaino que sacude la cabeza como protestando. Ya casi no hay luz cuando llegan al pie del farallón, pero de lejos han visto la entrada de la cueva dibujándose en la piedra blanca; dos o tres ratas los han olido y se esconden en la cueva mientras ellos bajan las jaulas de alambre y las disponen en semicírculo cerca de la entrada. El pardo Illa corta pasto seco a machetazos, bajan estopa y kerosene de la carreta y Lozano va hasta la cueva, se da cuenta de que puede entrar agachando apenas la cabeza. Los otros le gritan que no sea loco, que se quede afuera; ya la linterna recorre las paredes buscando el túnel más profundo por el que no se puede pasar, el agujero negro y moviente de puntos rojos que el haz de luz agita y revuelve.

—¿Qué hacés ahí? —le llega la voz de Yarará—. ¡Salí, carajo!

—Satarsa —dice Lozano en voz baja, hablándole al agujero desde donde lo miran los ojos en torbellino—. Salí vos, Satarsa, salí rey de las ratas, vos y yo solos, vos y yo y Laurita, hijo de puta.

—¡Lozano!

—Ya voy, nene —dice despacio Lozano. Elige un par de ojos más adelantados, los mantiene bajo el haz de luz, saca el revólver y tira. Un remolino de chispas rojas y de golpe nada, capaz que ni siquiera le dio. Ahora solamente el humo, salir de la cueva y ayudar a Illa que amontona el pasto y la estopa, el viento los ayuda; Yarará acerca un fósforo y los tres esperan al lado de las jaulas; Illa ha dejado un pasaje bien marcado para que las ratas puedan escapar de la trampa sin quemarse, para enfrentarlas justo delante de las jaulas abiertas.

—¿Y a esto le tenían miedo los de Calagasta? —dice Yarará—. Capaz que el viejo Millán se murió de otra cosa y se lo comieron ya fiambre.

—No te fíes —dice Illa.

Una rata salta afuera y la horquilla de Lozano la atrapa por el cuello, el lazo la levanta en el aire y la tira en la jaula; a Yarará se le escapa la que sigue, pero ahora salen de a cuatro o cinco, se oyen los chillidos en la cueva y apenas tienen tiempo de atrapar a una cuando ya cinco o seis resbalan como víboras buscando evitar las jaulas y perderse en el pastizal. Un río de ratas sale como un vomito rojizo, allí donde se clavan las horquillas hay una presa, las jaulas se van llenando de una masa convulsa, las sienten contra las piernas, siguen saliendo montadas las unas sobre las otras, destrozándose a dentelladas para escapar al calor del último trecho, desbandándose en la oscuridad. Lozano, como siempre, es el más rápido, ya ha llenado una jaula y va por la mitad de la otra, Illa suelta un grito ahogado y levanta una pierna, hunde la bota en una masa moviente, la rata no quiere soltar y Yarará con su horquilla la atrapa y la enlaza, Illa putea y mira la piel de vaca como si la rata estuviera todavía mordiendo. Las más enormes salen al final, ya no parecen ratas y es difícil hundirles la horquilla en el pescuezo y levantarlas en el aire; el lazo de Yarará se rompe y una rata escapa arrastrando el pedazo de cuero, pero Lozano grita que no importa, que apenas falta una jaula, entre Illa y él la llenan y la cierran a golpes de horquilla, empujan los pasadores, con ganchos de alambre las alzan y las suben a la carreta y los caballos se espantan y Yarará tiene que sujetarlos por el bocado, hablarles mientras los otros trepan al pescante. Ya es noche cerrada y el fuego empieza a apagarse.

Los caballos huelen las ratas y al principio hay que darles rienda, se largan al galope como queriendo hacer pedazos la carreta, Yarará tiene que sofrenarlos y hasta Illa ayuda, cuatro manos en las riendas hasta que el galope se rompe y vuelven a un trote intermitente, la carreta se desvía y las ruedas se enredan en piedras y malezas, atrás las ratas chillan y se destrozan, de las jaulas viene ya el olor a sebo, a mierda líquida, los caballos lo huelen y relinchan defendiéndose del bocado, queriendo zafarse y escapar, Lozano junta las manos con las de los otros en las riendas y ajustan poco a poco la marcha, coronan el monte pelado y ven asomar el valle, Calagasta con tres o cuatro luces apenas, la noche sin estrellas, a la izquierda la lucecita del rancho en medio del campo como hueco, alzándose y bajando con las sacudidas de la carreta, apenas quinientos metros, perdiéndose de golpe cuando la carreta entra en la maleza donde el sendero es puro latigazo de espinas contra las caras, la huella apenas visible que los caballos encuentran mejor que las seis manos aflojando poco a poco las riendas, las ratas aullando y revolcándose a cada sacudida, los caballos resignados, pero tirando como si quisieran llegar ya, estar ya ahí donde los van a soltar de ese olor y esos chillidos para dejarlos irse al monte y encontrarse con su noche, dejar atrás eso que los sigue y los acosa y los enloquece.

—Te vas volando a buscar a Porsena —le dice Lozano a Yarará—, que venga en seguida a contarlas y a darnos la plata, hay que arreglar para salir de madrugada con el camión.

El primer tiro parece casi en broma, débil y aislado, Yarará no ha tenido tiempo de contestarle a Lozano cuando la ráfaga llega con un ruido de caña seca rompiéndose en mil pedazos contra el suelo, una crepitación apenas más fuerte que los chillidos de las jaulas, un golpe de costado y la carreta desviándose a la maleza, el zaino a la izquierda queriendo arrancarse a los tirones y doblando las manos, Lozano y Yarará saltando al mismo tiempo, Illa del otro lado, aplastándose en la maleza mientras la carreta sigue con las ratas aullando y se para a los tres metros, el zaino pateando en el suelo, todavía sostenido a medias por el eje de la carreta, el tobiano relinchando y debatiéndose sin poder moverse.

—Cortate por ahí —le dice Lozano a Yarará.
—Pa qué mierda —dice Yarará—. Llegaron antes, ya no vale la pena.

Illa se les reúne, alza el revólver y mira la maleza como buscando un claro. No se ve la luz del rancho, pero saben que está ahí, justo detrás de la maleza, a cien metros. Oyen las voces, una que manda a gritos, el silencio y la nueva ráfaga, los chicotazos en la maleza, otra buscándolos más abajo a puro azar, les sobran balas a los hijos de puta, van a tirar hasta cansarse. Protegidos por la carreta y las jaulas, por el caballo muerto y el otro que se debate como una pared moviente, relinchando hasta que Yarará le apunta a la cabeza y lo liquida, pobre tobiano tan guapo, tan amigo, la masa resbalando a lo largo del timón y apoyándose en las ancas del zaino, que todavía se sacude de tanto en tanto, las ratas delatándolos con chillidos que rompen la noche, ya nadie las hará callar, hay que abrirse hacia la izquierda, nadar brazada a brazada en la maleza espinosa, echando hacia adelante las escopetas y apoyándose para ganar medio metro, alejarse de la carreta donde ahora se concentra el fuego, donde las ratas aúllan y claman como si entendieran, como vengándose, no se puede atar a las ratas, piensa Illa, tenías razón mi jefe, me cago en tus jueguitos, pero tenías razón, puta que te parió con tu Satarsa, cuánta razón tenías, conchetumadre.

Aprovechar que la maleza se adelgaza, que hay diez metros en que es casi pasto, un hueco que se puede franquear revolcándose de lado, las viejas técnicas, rodar y rodar hasta meterse en otro pastizal tupido, levantar bruscamente la cabeza para abarcarlo todo en un segundo y esconderse de nuevo, la lucecita del rancho y las siluetas moviéndose, el reflejo instantáneo de un fusil, la voz del que da órdenes a gritos, la balacera contra la carreta que grita y aúlla en la maleza. Lozano no mira de lado ni hacia atrás, ahí hay solamente silencio, hay Illa y Yarará muertos o acaso como él resbalando todavía entre las matas y buscando un refugio, abriendo picada con el ariete del cuerpo, quemándose la cara contra las espinas, ciegos y ensangrentados topos alejándose de las ratas, porque ahora sí son las ratas, Lozano las está viendo antes de sumirse de nuevo en la maleza, de la carreta llegan los chillidos cada vez más rabiosos pero las otras ratas no están ahí, las otras ratas le cierran el camino entre la maleza y el rancho, y aunque la luz sigue encendida en el rancho, Lozano sabe ya que Laura y Laurita no están ahí, o están ahí pero ya no son Laura y Laurita ahora que las ratas han llegado al rancho y han tenido todo el tiempo que necesitaban para hacer lo que habrán hecho, para esperarlo como lo están esperando entre el rancho y la carreta, tirando una ráfaga tras otra, mandando y obedeciendo y tirando ahora que ya no tiene sentido llegar al rancho, y sin embargo otro metro, otro revolcón que le llena las manos de espinas hirvientes, la cabeza asomándose para mirar, para ver a Satarsa, saber que ése que grita instrucciones es Satarsa y todos los otros son Satarsa y enderezarse y tirar la inútil andanada de perdigones contra Satarsa, que bruscamente gira hacia él y se tapa a cara con las manos y cae hacia atrás, alcanzado por los perdigones que le han llegado a los ojos, le han reventado la boca, y Lozano tirando el otro cartucho contra el que vuelve la ametralladora hacia él y el blando estampido de la escopeta ahogado por la crepitación de la ráfaga, las malezas aplastándose bajo el peso de Lozano que cae de boca entre las espinas que se le hunden en la cara, en los ojos abiertos.

Alguien que anda por ahí

A Esperanza Machado, pianista cubana.

A Jiménez lo habían desembarcado apenas caída la noche y aceptando todos los riesgos de que la caleta estuviera tan cerca del puerto. Se valieron de la lancha eléctrica, claro, capaz de resbalar silenciosa como una raya y perderse de nuevo en la distancia mientras Jiménez se quedaba un momento entre los matorrales esperando que se le habituaran los ojos, que cada sentido volviera a ajustarse al aire caliente y a los rumores de tierra adentro. Dos días atrás había sido la peste del asfalto caliente y las frituras ciudadanas, el desinfectante apenas disimulado en el lobby del *Atlantic,* los parches casi patéticos del *bourbon* con que todos ellos buscaban tapar el recuerdo del ron; ahora, aunque crispado y en guardia y apenas permitiéndose pensar, lo invadía el olor de Oriente, la sola inconfundible llamada del ave nocturna que quizás le daba la bienvenida, mejor pensarlo así como un conjuro.

Al principio a York le había parecido insensato que Jiménez desembarcara tan cerca de Santiago, era contra todos los principios; por eso mismo, y porque Jiménez conocía el terreno como nadie, York aceptó el riesgo y arregló lo de la lancha eléctrica. El problema estaba en no mancharse los zapatos, llegar al motel con la apariencia del turista provinciano que recorre su país; una vez ahí Alfonso se encargaría de instalarlo, el resto era cosa de pocas horas, la carga de plástico en el lugar convenido y el regreso a la costa donde esperarían la lancha y Alfonso; el telecomando estaba a bordo y una vez mar afuera el reverberar de la explosión y las primeras llamaradas en la fábrica los despediría con todos los honores. Por el momento había que subir hasta el motel valiéndose del viejo sendero abandonado desde que habían construido la nueva carretera más al norte, descansando un rato antes del último tramo para que nadie se diera cuenta del peso de la maleta cuando Jiménez se encontrara con Alfonso y éste la tomara con el gesto del amigo, evitando al maletero solícito y llevándose a Jiménez hasta una de las piezas bien situadas del motel. Era la parte más peligrosa del asunto, pero el único acceso posible se daba desde los jardines del motel; con suerte, con Alfonso, todo podía salir bien.

Por supuesto no había nadie en el sendero invadido por las matas y el desuso, solamente el olor de Oriente y la queja del pájaro que irritó por un momento a Jiménez como si sus nervios necesitaran un pretexto para soltarse un poco, para que él aceptara contra su voluntad que estaba ahí indefenso, sin una pistola en el bolsillo porque en eso York había sido terminante, la misión se cumplía o fracasaba pero una pistola era inútil en los dos casos y en cambio podía estropearlo todo. York tenía su idea sobre el carácter de los cubanos y Jiménez la conocía y lo puteaba desde tan adentro mientras subía por el sendero y las luces de las pocas casas y del motel se iban abriendo como ojos amarillos entre las últimas matas. Pero no valía la pena putear, todo iba according to schedule como hubiera dicho el maricón de York, y Alfonso en el jardín del motel pegando un grito y qué carajo donde dejaste el carro, chico, los dos empleados mirando y escuchando, hace un cuarto de hora que te espero, sí pero llegamos con atraso y el carro siguió con una compañera que va a la casa de la familia, me dejó ahí en la curva, vaya, tú siempre tan caballero, no me jodas, Alfonso, si es sabroso caminar por aquí, la maleta pasando de mano con una liviandad perfecta, los músculos tensos pero el gesto como de plumas, nada, vamos por tu llave y después nos echamos un trago, cómo dejaste a la Choli y a los niños, medio tristes, viejo, querían venir pero ya sabes la escuela y el trabajo, esta vez no coincidimos, mala suerte.

La ducha rápida, verificar que la puerta cerraba bien, la valija abierta sobre la otra cama y el envoltorio verde en el cajón de la cómoda entre camisas y diarios. En la barra Alfonso ya había pedido extrasecos con mucho hielo, fumaron hablando de Camagüey y de la última pelea de Stevenson, el piano llegaba como de lejos aunque la pianista estaba ahí nomás al término de la barra, tocando muy suave una habanera y después algo de Chopin, pasando a un danzón y a una vieja balada de película, algo que en los buenos tiempos había cantado Irene Dunne. Se tomaron otro ron y Alfonso dijo que por la mañana volvería para llevarlo de recorrida y mostrarle los nuevos barrios, había tanto que ver en Santiago, se trabajaba duro para cumplir los planes y sobrepasarlos, las microbrigadas eran del carajo, Almeida vendría a inaugurar dos fábricas, por ahí en una de esas hasta caía Fidel, los compañeros estaban arrimando el hombro que daba gusto.

—Los santiagueros no se duermen —dijo el barman, y ellos se rieron aprobando, quedaba poca gente en el comedor y a Jiménez ya le habían destinado una mesa cerca de una ventana. Alfonso se despidió después de repetir lo del encuentro por la mañana; estirando largo las piernas, Jiménez empezó a estudiar la carta. Un cansancio que no era solamente del cuerpo lo obligaba a vigilarse en cada movimiento. Todo ahí era plácido y cordial y calmo y Chopin, que ahora volvía desde ese preludio que la pianista tocaba muy lento, pero Jiménez sentía la amenaza como un agazapamiento, la menor falla y esas caras sonrientes se volverían máscaras de odio. Conocía esas sensaciones y sabía cómo controlarlas; pidió un mojito para ir haciendo tiempo y se dejó aconsejar en la comida, esa noche pescado mejor que carne. El comedor estaba casi vacío, en la barra una pareja joven y más allá un hombre que parecía extranjero y que bebía sin mirar su vaso, los ojos perdidos en la pianista que repetía el tema de Irene Dunne, ahora Jiménez reconocía *Hay humo en tus ojos,* aquella Habana de entonces, el piano volvía a Chopin, uno de los estudios que también Jiménez había tocado cuando estudiaba piano de muchacho antes del gran pánico, un estudio lento y melancólico que le recordó la sala de la casa, la abuela muerta, y casi a contrapelo la imagen de su hermano que se había quedado a pesar de la maldición paterna, Robertico muerto como un imbécil en Girón en vez de ayudar a la reconquista de la verdadera libertad.

Casi sorprendido comió con ganas, saboreando lo que su memoria no había olvidado, admitiendo irónicamente que era lo único bueno al lado de la comida esponjosa que tragaban del otro lado. No tenía sueño y le gustaba la música, la pianista era una mujer todavía joven y hermosa, tocaba como para ella sin mirar jamás hacia la barra donde el hombre con aire de extranjero seguía el juego de sus manos y entraba en otro ron y otro cigarro. Después del café Jiménez pensó que se le iba a hacer largo esperar la hora en la pieza, y se acercó a la barra para beber otro trago. El barman tenía ganas de charlar pero lo hacía con respeto hacia la pianista, casi un murmullo como si comprendiera que el extranjero y Jiménez gustaban de esa música, ahora era uno de los valses, la simple melodía donde Chopin había puesto algo como una lluvia lenta, como talco o flores secas en un álbum. El barman no hacía caso del extranjero, tal vez hablaba mal el español o era hombre de silencio, ya el comedor se iba apagando y habría que irse a dormir pero la pianista seguía tocando una melodía cubana que Jiménez fue dejando atrás mientras encendía otro cigarro y con un buenas noches circular se iba hacia la puerta y entraba en lo que esperaba más allá, a las cuatro en punto sincronizadas en su reloj y el de la lancha.

Antes de entrar en su cuarto acostumbró sus ojos a la penumbra del jardín para estar seguro de lo que le había explicado Alfonso, la picada a unos cien metros, la bifurcación hacia la carretera nueva, cruzarla con cuidado y seguir hacia el oeste. Desde el motel sólo veía la zona sombría donde empezaba la picada, pero era útil detectar las luces en el fondo y dos o tres hacia la izquierda para tener una noción de las distancias. La zona de la fábrica empezaba a setecientos metros al oeste, al lado del tercer poste de cemento encontraría el agujero por donde franquear la alambrada. En principio era raro que los centinelas estuvieran de ese lado, hacían una recorrida cada cuarto de hora pero después preferían charlar entre ellos del otro lado donde había luz y café; de todos modos ya no importaba mancharse la ropa, habría que arrastrarse entre las matas hasta el lugar que Alfonso le había descrito en detalle. La vuelta iba a ser fácil sin el envoltorio verde, sin todas esas caras que lo habían rodeado hasta ahora.

Se tendió en la cama casi en seguida y apagó la luz para fumar tranquilo; hasta dormiría un rato para aflojar el cuerpo, tenía el hábito de despertarse a tiempo. Pero antes se aseguró de que la puerta cerraba bien por dentro y que sus cosas estaban como las había dejado. Tarareó el valsecito que se le había hincado en la memoria, mezclándole el pasado y el presente, hizo un esfuerzo para dejarlo irse, cambiarlo por *Hay humo en tus ojos,* pero el valsecito volvía o el preludio, se fue adormeciendo sin poder quitárselos de encima, viendo todavía las manos tan blancas de la pianista, su cabeza inclinada como la atenta oyente de sí misma. El ave nocturna cantaba otra vez en alguna mata o en el palmar del norte.

Lo despertó algo que era más oscuro que la oscuridad del cuarto, más oscuro y pesado, vagamente a los pies de la cama. Había estado soñando con Phyllis y el festival de música pop, con luces y sonidos tan intensos que abrir los ojos fue como caer en un puro espacio sin barreras, un pozo lleno de nada, y a la vez su estómago le dijo que no era así, que una parte de eso era diferente, tenía otra consistencia y otra negrura. Buscó el interruptor de un manotazo; el extranjero de la barra estaba sentado al pie de la cama y lo miraba sin apuro, como si hasta ese momento hubiera estado velando su sueño.

Hacer algo, pensar algo era igualmente inconcebible. Vísceras, el puro horror, un silencio interminable y acaso instantáneo, el doble puente de los ojos. La pistola, el primer pensamiento inútil; si por lo menos la pistola. Un jadeo volviendo a hacer entrar el tiempo, rechazo de la última posibilidad de que eso fuera todavía el sueño en que Phyllis, en que la música y las luces y los tragos.

—Sí, es así —dijo el extranjero, y Jiménez sintió como en la piel el acento cargado, la prueba de que no era de allí como ya algo en la cabeza y en los hombros cuando lo había visto por primera vez en la barra.

Enderezándose de a centímetros, buscando por lo menos una igualdad de altura, desventaja total de posicion, lo único posible era la sorpresa pero también en eso iba a pura pérdida, roto por adelantado; no le iban a responder los músculos, le faltaría la palanca de las piernas para el envión desesperado, y el otro lo sabía, se estaba quieto y como laxo al pie de la cama. Cuando Jiménez lo vio sacar un cigarro y malgastar la otra mano hundiéndola en el bolsillo del pantalón para buscar los fósforos, supo que perdería el tiempo si se lanzaba sobre él; había demasiado desprecio en su manera de no hacerle caso, de no estar a la defensiva. Y algo todavía peor, sus propias precauciones, la puerta cerrada con llave, el cerrojo corrido.

—¿Quién eres? —se oyó preguntar absurdamente desde eso que no podía ser el sueño ni la vigilia.

—Qué importa —dijo el extranjero.

—Pero Alfonso...

Se vio mirado por algo que tenía como un tiempo aparte, una distancia hueca. La llama del fósforo se reflejó en unas pupilas dilatadas, de color avellana. El extranjero apagó el fósforo y se miró un momento las manos.

—Pobre Alfonso—dijo—. Pobre, pobre Alfonso.

No había lástima en sus palabras, solamente como una comprobación desapegada.

—¿Pero quién coño eres? —gritó Jiménez sabiendo que eso era la histeria, la pérdida del último control.

—Oh, alguien que anda por ahí —dijo el extranjero—. Siempre me acerco cuando tocan mi música, sobre todo aquí, sabes. Me gusta escucharla cuando la tocan aquí, en esos pianitos pobres. En mi tiempo era diferente, siempre tuve que escucharla lejos de mi tierra. Por eso me gusta acercarme, es como una reconciliación, una justicia.

Apretando los dientes para desde ahí dominar el temblor

que lo ganaba de arriba abajo, Jiménez alcanzó a pensar que la única cordura era decidir que el hombre estaba loco. Ya no importaba cómo había entrado, cómo sabía, porque desde luego sabía pero estaba loco y esa era la sola ventaja posible. Ganar tiempo, entonces, seguirle la corriente, preguntarle por el piano, por la música.

—Toca bien —dijo el extranjero—, pero claro, solamente lo que escuchaste, las cosas fáciles. Esta noche me hubiera gustado que tocara ese estudio que llaman revolucionario, de veras que me hubiera gustado mucho. Pero ella no puede, pobrecita, no tiene dedos para eso. Para eso hacen falta dedos así.

Las manos alzadas a la altura de los hombros, le mostró a Jiménez los dedos separados, largos y tensos. Jiménez alcanzó a verlos un segundo antes de que solamente los sintiera en la garganta.

Cuba, 1976.

La escuela de noche

De Nito ya no sé nada ni quiero saber. Han pasado tantos años y cosas, a lo mejor todavía está allí o se murió o anda afuera. Más vale no pensar en él, solamente que a veces sueño con los años treinta en Buenos Aires, los tiempos de la escuela normal y claro, de golpe Nito y yo la noche en que nos metimos en la escuela, después no me acuerdo mucho de los sueños, pero algo queda siempre de Nito como flotando en el aire, hago lo que puedo para olvidarme, mejor que se vaya borrando de nuevo hasta otro sueño, aunque no hay nada que hacerle, cada tanto es así, cada tanto todo vuelve como ahora.

La idea de meterse de noche en la escuela anormal (lo decíamos por jorobar y por otras razones más sólidas) la tuvo Nito, y me acuerdo muy bien que fue en *La Perla* del Once y tomándonos un cinzano con bitter. Mi primer comentario consistió en decirle que estaba más loco que una gallina, pesealokual —así escribíamos entonces, desortografiando el idioma por algún deseo de venganza que también tendría que ver con la escuela—, Nito siguió con su idea y dale con que la escuela de noche, sería tan macanudo meternos a explorar, pero qué vas a explorar si la tenemos más que manyada, Nito, y, sin embargo, me gustaba la idea, se la discutía por puro pelearlo, lo iba dejando acumular puntos poco a poco.

En algún momento empecé a aflojar con elegancia, porque también a mí la escuela no me parecía tan manyada, aunque lleváramos allí seis años y medio de yugo, cuatro para recibirnos de maestros y casi tres para el profesorado en letras, aguantándonos materias tan increíbles como Sistema Nervioso, Dietética y Literatura Española, esta última la más increíble, porque en el tercer trimestre no habíamos salido ni saldríamos del Conde Lucanor. A lo mejor por eso, por la forma en que perdíamos el tiempo, la escuela nos parecía medio rara a Nito y a mí, nos daba la impresión de faltarle algo que nos hubiera gustado conocer mejor. No sé, creo que también había otra cosa, por lo menos para mí la escuela no era tan normal como pretendía su nombre, sé que Nito pensaba lo mismo y me lo había dicho a la hora de la primera alianza, en los remotos días de un primer año lleno de timidez, cuadernos y compases. Ya no hablábamos de eso después de tantos años, pero esa mañana en *La Perla* sentí como si el proyecto de Nito viniera de ahí y que por eso me iba ganando poco a poco; como si antes de acabar el año y darle para siempre la espalda a la escuela tuviéramos que arreglar todavía una cuenta con ella, acabar de entender cosas que se nos habían escapado, esa incomodidad que Nito y yo sentíamos de a ratos en los patios o las escaleras y yo sobre todo cada mañana cuando veía las rejas de la entrada, un leve apretón en el estómago desde el primer día al franquear esa reja pinchuda, tras de la cual se abría el peristilo solemne y empezaban los corredores con su color amarillento y la doble escalera.

—Hablando de reja, la cosa es esperar hasta medianoche —había dicho Nito— y treparse ahí donde me tengo vistos dos pinchos doblados, con poner un poncho basta y sobra.

—Facilísimo —había dicho yo—, justo entonces aparece la cana en la esquina o alguna vieja de enfrente pega el primer alarido.

—Vas demasiado al cine, Toto. ¿Cuándo viste a alguien por ahí a esa hora? El músculo duerme, viejo.

De a poco me iba dejando tentar, seguro que era idiota y que no pasaría nada ni afuera ni adentro, la escuela sería la misma escuela de la mañana, un poco frankenstein en la oscuridad si querés, pero nada más, qué podía haber ahí de noche aparte de bancos y pizarrones y algún gato buscando lauchas, que eso sí había. Pero Nito dale con lo del poncho y la linterna, hay que decir que nos aburríamos bastante en esa época en que a tantas chicas las encerraban todavía bajo doble llave marca papá y mamá, tiempos bastantes austeros a la fuerza, no nos gustaban demasiado los bailes ni el fútbol, leíamos como locos de día pero a la noche vagábamos los dos —a veces con Fernández López, que murió tan joven— y nos conocíamos Buenos Aires y los libros de Castelnuovo y los cafés del bajo y el dock sur, al fin y al cabo no parecía tan ilógico que también quisiéramos entrar en la escuela de noche, sería completar algo incompleto, algo para guardar en secreto y por la mañana mirar a los muchachos y sobrarlos, pobres tipos cumpliendo el horario y el Conde Lucanor de ocho a mediodía.

Nito estaba decidido, si yo no quería acompañarlo saltaría solo un sábado a la noche, me explicó que había elegido el sábado porque si algo no andaba bien y se quedaba encerrado tendría tiempo para encontrar alguna otra salida. Hacía años que la idea lo rondaba, quizá desde el primer día cuando la escuela era todavía un mundo desconocido y los pibes de primer año nos quedábamos en los patios de abajo, cerca del aula como pollitos. Poco a poco habíamos ido avanzando por corredores y escaleras hasta hacernos una idea de la enorme caja de zapatos amarilla con sus columnas, sus mármoles y ese olor a jabón mezclado con el ruido de los recreos y el ronroneo de las horas de clase, pero la familiaridad no nos había quitado del todo eso que la escuela tenía de territorio diferente, a pesar de la costumbre, los compañeros, las matemáticas. Nito se acordaba de pesadillas donde cosas instantáneamente borradas por un despertar violento habían sucedido en galerías de la escuela, en el aula de tercer año, en las escaleras de mármol; siempre de noche, claro, siempre él solo en la escuela petrificada por la noche, y eso Nito no alcanzaba a olvidarlo por la mañana, entre cientos de muchachos y de ruidos. Yo, en cambio, nunca había soñado con la escuela, pero lo mismo me descubría pensando cómo sería con luna llena, los patios de abajo, las galerías altas, imaginaba una claridad de mercurio en los patios vacíos, la sombra implacable de las columnas. A veces lo descubría a Nito en algún recreo, apartado de los otros y mirando hacia lo alto donde las barandillas de las galerías dejaban ver cuerpos truncos, cabezas y torsos pasando de un lado a otro, más abajo pantalones y zapatos que no siempre parecían pertenecer al mismo alumno. Si me tocaba subir solo la gran escalera de mármol, cuando todos estaban en clase, me sentía como abandonado, trepaba o bajaba de a dos los peldaños, y creo que por eso mismo volvía a pedir permiso unos días después para salir de clase y repetir algún itinerario con el aire del que va a buscar una caja de tiza o el cuarto de baño. Era como en el cine, la delicia de un suspenso idiota, y por eso creo que me defendí tan mal del proyecto de Nito, de su idea de ir a hacerle frente a la escuela; meternos allí de noche no se me hubiera ocurrido nunca, pero Nito había pensado por los dos y estaba bien, merecíamos ese segundo cinzano que no tomamos porque no teníamos bastante plata.

Los preparativos fueron simples, conseguí una linterna y Nito me esperó en el Once con el bulto de un poncho bajo el brazo; empezaba a hacer calor ese fin de semana, pero no había mucha gente en la plaza, doblamos por Urquiza casi sin hablar, y cuando estuvimos en la cuadra de la escuela miré atrás y Nito tenía razón, ni un gato que nos viera. Solamente entonces me di cuenta de que había luna, no lo habíamos buscado pero no sé si nos gustó, aunque tenía su lado bueno para recorrer las galerías sin usar la linterna.

Dimos la vuelta a la manzana para estar bien seguros, hablando del director que vivía en la casa pegada a la escuela y que comunicaba por un pasillo en los altos para que pudiera llegar directamente a su despacho. Los porteros no vivían allí y estábamos seguros de que no había ningún sereno, qué hubiera podido cuidar en la escuela en la que nada era valioso, el esqueleto medio roto, los mapas a jirones, la secretaría con dos o tres máquinas de escribir que parecían pterodáctilos. A Nito se le ocurrió que podía haber algo valioso en el despacho del director, ya una vez lo habíamos visto cerrar con llave al irse a dictar su clase de matemáticas, y eso con la escuela repleta de gente o a lo mejor precisamente por eso. Ni a Nito ni a mí ni a nadie le gustaba el director, más conocido por el Rengo; que fuera severo y nos zampara amonestaciones y expulsiones por cualquier cosa era menos una razón que algo en su cara de pájaro embalsamado, su manera de llegar sin que nadie lo viera y asomarse a una clase como si la condena estuviera pronunciada de antemano. Uno o dos profesores amigos (el de música, que nos contaba cuentos verdes, el de sistema nervioso que se daba cuenta de la idiotez de enseñar eso en un profesorado en letras) nos habían dicho que el Rengo no solamente era un solterón convicto y confeso, sino que enarbolaba una misoginia agresiva, razón por la cual en la escuela no habíamos tenido ni una sola profesora. Pero justamente ese año el ministerio debía haberle hecho comprender que todo tenía su límite, porque nos mandaron a la señorita Maggi que les enseñaba química orgánica a los del profesorado en ciencias. La pobre llegaba siempre a la escuela con un aire medio asustado, Nito y yo nos imaginábamos la cara del Rengo cuando se la encontraba en la sala de profesores. La pobre señorita Maggi entre cientos de varones, enseñando la fórmula de la glicerina a los reos de séptimo ciencias.

—Ahora —dijo Nito.

Casi meto la mano en un pincho, pero pude saltar bien, la primera cosa era agacharse por si a alguien le daba por mirar desde las ventanas de la casa de enfrente, y arrastrarse hasta encontrar una protección ilustre, el basamento del busto de Van Gelderen, holandés y fundador de la escuela. Cuando llegamos al peristilo estábamos un poco sacudidos por el escalamiento y nos dio un ataque de risa nerviosa. Nito dejó el poncho disimulado al pie de una columna, y tomamos a la derecha siguiendo el pasillo que llevaba al primer codo de donde nacía la escalera. El olor a escuela se multiplicaba con el calor, era raro ver las aulas cerradas y fuimos a tantear una de las puertas; por supuesto, los gallegos porteros no las habían cerrado con llave y entramos un momento en el aula donde seis años antes habíamos empezado los estudios.

—Yo me sentaba ahí.

—Y yo detrás, no me acuerdo si ahí o más a la derecha.

—Mirá, se dejaron un globo terráqueo.

—¿Te acordás de Gazzano, que nunca encontraba el Africa?

Daban ganas de usar las tizas y dejar dibujos en el pizarrón, pero Nito sintió que no había venido para jugar, o que jugar era una manera de no admitir que el silencio los envolvía demasiado, como un eco de música, reverberando apenas en la caja de la escalera; también oímos una frenada de tranvía, después nada. Se podía subir sin necesidad de la linterna, el mármol parecía estar recibiendo directamente la luz de la luna, aunque el piso alto lo aislara de ella. Nito se paró a mitad de la escalera para convidarme con un cigarrillo y encender otro; siempre elegía los momentos más absurdos para empezar a fumar.

Desde arriba miramos el patio de la planta baja, cuadrado como casi todo en la escuela, incluidos los cursos. Seguimos por el corredor que lo circundaba, entramos en una o dos aulas y llegamos al primer codo donde estaba el laboratorio; ése sí los gallegos lo habían cerrado con llave, como si alguien pudiera venir a robarse las probetas rajadas y el microscopio del tiempo de Galileo. Desde el segundo corredor vimos que la luz de la luna caía de lleno sobre el corredor opuesto donde estaba la secretaría, la sala de profesores y el despacho del Rengo. El primero en tirarme al suelo fui yo, y Nito un segundo después porque habíamos visto al mismo tiempo las luces en la sala de profesores.

—La puta madre, hay alguien ahí.

—Rajemos, Nito.

—Esperá, a lo mejor se les quedó prendida a los gallegos.

No sé cuánto tiempo pasó, pero ahora nos dábamos cuenta de que la música venía de ahí, parecía tan lejana como en la escalera, pero la sentíamos venir del corredor de enfrente, una música como de orquesta de cámara con todos los instrumentos en sordina. Era tan impensable que nos olvidamos del miedo o él de nosotros, de golpe había como una razón para estar ahí y no el puro romanticismo de Nito. Nos miramos sin hablar, y él empezó a moverse gateando y pegado a la barandilla hasta llegar al codo del tercer corredor. El olor a pis de las letrinas contiguas había sido como siempre más fuerte que los esfuerzos combinados de los gallegos y la acaroína. Cuando nos arrastramos hasta quedar al lado de las puertas de nuestra aula, Nito se volvió y me hizo seña de que me acercara más: —¿Vamos a ver?

Asentí, puesto que ser loco parecía lo único razonable en ese momento, y seguimos a gatas, cada vez más delatados por la luna. Casi no me sorprendí cuando Nito se enderezó, fatalista, a menos de cinco metros del último corredor donde las puertas apenas entornadas de la secretaría y la sala de profesores dejaban pasar la luz. La música había subido bruscamente, o era la menor distancia; oímos rumor de voces, risas, unos vasos entrechocándose. Al primero que vimos fue a Raguzzi, uno de séptimo ciencias, campeón de atletismo y gran hijo de puta, de esos que se abrían paso a fuerza de músculos y compadradas. Nos daba la espalda, casi pegado a la puerta, pero de golpe se apartó y la luz vino como un látigo cortado por sombras movientes, un ritmo de machicha y dos parejas que pasaban bailando. Gómez, que yo no conocía mucho, bailaba con una mina de verde, y el otro podía ser Kurchin, de quinto letras, un chiquito con cara de chancho y anteojos, que se prendía a un hembrón de pelo renegrido con traje largo y collares de perlas. Todo eso sucedía ahí, lo estábamos viendo y oyendo, pero naturalmente no podía ser, casi no podía ser que sintiéramos una mano que se apoyaba despacito en nuestros hombros, sin forzar.

—Ushtedes no shon invitados —dijo el gallego Manolo—, pero ya que eshtán vayan entrando y no she hagan los locos.

El doble empujón nos tiró casi contra otra pareja que bailaba, frenamos en seco y por primera vez vimos el grupo entero, unos ocho o diez, la victrola con el petiso Larrañaga ocupándose de los discos, la mesa convertida en bar, las luces bajas, las caras que empezaban a reconocernos sin sorpresa, todos debían pensar que habíamos sido invitados, y hasta Larrañaga nos hizo un gesto de bienvenida. Como siempre Nito fue el más rápido, en tres pasos estuvo contra una de las paredes laterales y yo me le apilé, pegados como cucarachas contra la pared empezamos a ver de veras, a aceptar eso que estaba pasando ahí. Con las luces y la gente la sala de profesores parecía el doble de grande, había cortinas verdes que yo nunca había sospechado cuando de mañana pasaba por el corredor y le echaba una ojeada a la sala para ver si ya había llegado Migoya, nuestro terror en la clase de lógica. Todo tenía un aire como de club, de cosa organizada para los sábados a la noche, los vasos y los ceniceros, la victrola y las lámparas que sólo alumbraban lo necesario, abriendo zonas de penumbra que agrandaban la sala.

Vaya a saber cuánto tardé en aplicar a lo que nos estaba pasando un poco de esa lógica que nos enseñaba Migoya, pero Nito era siempre el más rápido, una ojeada le había bastado para identificar a los condiscípulos y al profesor Iriarte, darse cuenta de que las mujeres eran muchachos disfrazados, Perrone y Macías y otro de séptimo ciencias, no se acordaba del nombre. Había dos o tres con antifaces, uno de ellos vestido de hawaiana y gustándole a juzgar por los contoneos que le hacía a Iriarte. El gallego Fernando se ocupaba del bar, casi todo el mundo tenía vasos en las manos, ahora venía un tango por la orquesta de Lomuto, se armaban parejas, los muchachos sobrantes se ponían a bailar entre ellos, y no me sorprendió demasiado que Nito me agarrara de la cintura y me empujara hacia el medio.

—Si nos quedamos parados aquí se va a armar —me dijo—. No me pisés los pies, desgraciado.

—No sé bailar —le dije, aunque él bailaba peor que yo. Estábamos en la mitad del tango y Nito miraba de cuando en cuando hacia la puerta entornada, me había ido llevando despacio para aprovechar la primera de cambio, pero se dio cuenta de que el gallego Manolo estaba todavía ahí, volvimos al centro y hasta intentamos cambiar chistes con Kurchin y Gómez que bailaban juntos. Nadie se dio cuenta de que se estaba abriendo la doble puerta que comunicaba con la antesala del despacho del Rengo, pero el petiso

Larrañaga paró el disco en seco y nos quedamos mirando, sentí que el brazo de Nito temblaba en mi cintura antes de soltarme de golpe.

Soy tan lento para todo, ya Nito se había dado cuenta cuando empecé a descubrir que las dos mujeres paradas en las puertas y teniéndose de la mano eran el Rengo y la señorita Maggi. El disfraz del Rengo era tan exagerado que dos o tres aplaudieron tímidamente, pero después solamente hubo un silencio de sopa enfriada, algo como un hueco en el tiempo. Yo había visto travestís en los cabarets del bajo, pero una cosa así nunca, la peluca pelirroja, las pestañas de cinco centímetros, los senos de goma temblando bajo una blusa salmón, la pollera de pliegues y los tacos como zancos. Llevaba los brazos llenos de pulseras, y eran brazos depilados y blanqueados, los anillos parecían pasearse por sus dedos ondulantes, ahora había soltado la mano de la señorita Maggi y con un gesto de una infinita mariconería se inclinaba para presentarla y darle paso. Nito se estaba preguntando por qué la señorita Maggi seguía pareciéndose a ella misma a pesar de la peluca rubia, el pelo estirado hacia atrás, la silueta apretada en un largo traje blanco. La cara estaba apenas maquillada, tal vez las cejas un poco más dibujadas, pero era la cara de la señorita Maggi y no el pastel de frutas del Rengo con el rimmel y el rouge y el flequillo pelirrojo. Los dos avanzaron saludando con una cierta frialdad casi condescendiente, el Rengo nos echó una ojeada acaso sorprendida, pero que pareció cambiase por una aceptación distraída, como si ya alguien lo hubiera prevenido.

—No se dio cuenta, che —le dije a Nito lo más bajo que pude.

—Tu abuela —dijo Nito—, vos te creés que no ve que estamos vestidos como reos en este ambiente.

Tenía razón, nos habíamos puesto pantalones viejos por lo de la reja, yo estaba en mangas de camisa y Nito tenía un pulóver liviano con una manga más bien perforada en un codo. Pero el Rengo ya estaba pidiendo que le dieran una copita no demasiado fuerte, se la pedía al gallego Fernando con unos gestos de puta caprichosa mientras la señorita Maggi reclamaba un whisky más seco que la voz con que se lo pedía al gallego. Empezaba otro tango y todo el mundo se largó a bailar, nosotros los primeros de puro pánico y los recién llegados junto con los demás, la señorita Maggi manejando al Rengo a puro juego de cintura. Nito hubiera querido acercarse a Kurchin para tratar de sacarle algo, con Kurchin teníamos más trato que con los otros, pero era difícil en ese momento en que las parejas se cruzaban sin rozarse y nunca quedaba espacio libre por mucho tiempo. Las puertas que daban a la sala de espera del Rengo seguían abiertas, y cuando nos acercamos en una de las vueltas, Nito vio que también la puerta del despacho estaba abierta y que adentro había gente hablando y bebiendo. De lejos reconocimos a Fiori, un pesado de sexto letras, disfrazado de militar, y a lo mejor esa morocha de pelo caído en la cara y caderas sinuosas era Moreira, uno de quinto letras que tenía fama de lo que te dije.

Fiori vino hacia nosotros antes de que pudiéramos esquivarnos, con el uniforme parecía mucho mayor y Nito creyó verle canas en el pelo bien planchado, seguro que se había puesto talco para tener más pinta.

—Nuevos, eh —dijo Fiori—. ¿Ya pasaron por oftalmología?

La respuesta debíamos tenerla escrita en la cara y Fiori se nos quedó mirando un momento, nos sentíamos cada vez más como reclutas delante de un teniente compadrón.

—Por allá —dijo Fiori, mostrando con la mandíbula una puerta lateral entornada—. En la próxima reunión me traen el comprobante.

—Sí señor —dijo Nito, empujándome a lo bruto. Me hubiera gustado reprocharle el sí señor tan lacayo, pero Moreira (ahora sí, ahora seguro que era Moreira) se nos apiló antes de que llegáramos a la puerta y me agarró de la mano.

—Vení a bailar a la otra pieza, rubio, aquí son tan aburridos.

—Después —dijo Nito por mí—. Volvemos en seguida.

—Ay, todos me dejan sola esta noche.

Pasé el primero, deslizándome no sé por qué en vez de abrir del todo la puerta. Pero los por qué nos faltaban a esa altura, Nito que me seguía callado miraba el largo zaguán en penumbras y era otra vez cualquiera de las pesadillas que tenía con la escuela, ahí donde nunca había un por qué, donde solamente se podía seguir adelante, y el único por qué posible era una orden de Fiori, ese cretino vestido de milico que de golpe se sumaba a todo lo otro y nos daba una orden, valía como una orden pura que debíamos obedecer, un oficial mandando y andá a pedir razones. Pero esto no era una pesadilla, yo estaba a su lado y las pesadillas no se sueñan de a dos.

—Rajemos, Nito —le dije en la mitad del zaguán—. Tiene que haber una salida, esto no puede ser.

—Sí, pero esperá, me trinca que nos están espiando.

—No hay nadie, Nito.

—Por eso mismo, huevón.

—Pero Nito, esperá un poco, parémonos aquí. Yo tengo que entender lo que pasa, no te das cuenta de que...

—Mirá —dijo Nito, y era cierto, la puerta por donde habíamos pasado estaba ahora abierta de par en par y el uniforme de Fiori se recortaba clarito. No había ninguna razón para obedecer a Fiori, bastaba volver y apartarlo de un empujón como tantas veces nos empujábamos por broma o en serio en los recreos. Tampoco había ninguna razón para seguir adelante hasta ver dos puertas cerradas, una lateral y otra de frente, y que Nito se metiera por una y se diera cuenta demasiado tarde de que yo no estaba con él, que estúpidamente había elegido la otra puerta por error o por pura bronca. Imposible dar media vuelta y salir a buscarme, la luz violeta del salón y las caras mirándolo lo fijaban de golpe en eso que abarcó de una sola ojeada, el salón con el enorme acuario en el centro alzando su cubo transparente hasta el cielo raso, dejando apenas lugar para los que pegados a los cristales miraban el agua verdosa, los peces resbalando lentamente, todo en un silencio que era como otro acuario exterior, un petrificado presente con hombres y mujeres (que eran hombres que eran mujeres) pegándose a los cristales, y Nito diciéndose ahora, ahora volver atrás, Toto imbécil dónde te metiste, huevón, queriendo dar media vuelta y escaparse, pero de qué si no pasaba nada, si se iba quedando inmóvil como ellos y viéndolos mirar los peces y reconociendo a Mutis, a la

Chancha Delucía, a otros de sexto letras, preguntándose por qué eran ellos y no otros, como ya se había preguntado por qué tipos como Raguzzi y Fiori y Moreira, por qué justamente los que no eran nuestros amigos por la mañana, los extraños y los mierdas, por qué ellos y no Láinez o Delich o cualquiera de los compañeros de charlas o vagancias o proyectos, por qué entonces Toto y él entre esos otros aunque fuera culpa de ellos por meterse de noche en la escuela y esa culpa los juntara con todos esos que de día no aguantaban, los peores hijos de puta de la escuela, sin hablar del Rengo y del chupamedias de Iriarte y hasta de la señorita Maggi también ahí, quién lo hubiera dicho pero también ella, ella la única mujer de veras entre tantos maricones y desgraciados.

Entonces ladró un perro, no era un ladrido fuerte pero rompió el silencio y todos se volvieron hacia el fondo invisible del salón, Nito vio que de la bruma violeta salía Caletti, uno de quinto ciencias, con los brazos en alto venía desde el fondo como resbalando entre los otros, sosteniendo en alto un perrito blanco que volvía a ladrar debatiéndose, las patas atadas con una cinta roja y de la cinta colgando algo como un pedazo de plomo, algo que lo sumergió lentamente en el acuario donde Caletti lo había tirado de un solo envión, Nito vio al perro bajando poco a poco entre convulsiones, tratando de liberar las patas y volver a la superficie, lo vio empezar a ahogarse con la boca abierta y echando burbujas, pero antes de que se ahogara los peces ya estaban mordiéndolo, arrancándole jirones de piel, tiñendo de rojo el agua, la nube cada vez más espesa en torno al perro que todavía se agitaba entre la masa hirviente de peces y de sangre.

Todo eso yo no podía verlo porque detrás de la puerta que creo se cerró sola no había más que negro, me quedé paralizado sin saber qué hacer, detrás no se oía nada, entonces Nito, dónde estaba Nito. Dar un paso adelante en esa oscuridad o quedarme ahí clavado era el mismo espanto, de golpe sentir el olor, un olor a desinfectante, a hospital, a operación de apendicitis, casi sin darme cuenta de que los ojos se iban acostumbrando a la tiniebla y que no era tiniebla, ahí en el fondo había una o dos lucecitas, una verde y después una amarilla, la silueta de un armario y de un sillón, otra silueta que se desplazaba vagamente avanzando desde otro fondo más profundo.

—Venga, m'hijito —dijo la voz—. Venga hasta aquí, no tenga miedo.

No sé cómo pude moverme, el aire y el suelo eran como una misma alfombra esponjosa, el sillón con palancas cromadas y los aparatos de cristal y las lucecitas; la peluca rubia y planchada y el vestido blanco de la señorita Maggi fosforecían vagamente. Una mano me tomó por el hombro y me empujó hacia adelante, la otra mano se apoyó en mi nuca y me obligó a sentarme en el sillón, sentí en la frente el frío de un vidrio mientras la señorita Maggi me ajustaba la cabeza entre dos soportes. Casi contra los ojos vi brillar una esfera blanquecina con un pequeño punto rojo en el medio, y sentí el roce de las rodillas de la señorita Maggi que se sentaba en el sillón del lado opuesto de la armazón de cristales. Empezó a manipular palancas y ruedas, me ajustó todavía más la cabeza, la luz iba cambiando al verde y volvía al blanco, el punto rojo crecía y se desplazaba de un lado a otro, con lo que me quedaba de visión hacia arriba alcanzaba a ver como un halo el pelo rubio de la señorita Maggi, teníamos las caras apenas separadas por el cristal con las luces y algún tubo por donde ella debía estar mirándome.

—Quedate quietito y fijate bien en el punto rojo —dijo la señorita Maggi—. ¿Lo ves bien?

—Sí, pero...

—No hablés, quedate quieto, así. Ahora decime cuándo dejás de ver el punto rojo.

Qué sé yo si lo veía o no, me quedé callado mientras ella seguía mirando por el otro lado, de golpe me daba cuenta de que además de la luz central estaba viendo los ojos de la señorita Maggi detrás del cristal del aparato, tenía ojos castaños y por encima seguía ondulando el reflejo incierto de la peluca rubia. Pasó un momento interminablemente corto, se oía como un jadeo, pensé que era yo, pensé cualquier cosa mientras las luces cambiaban poco a poco, se iban concentrando en un triángulo rojizo con bordes violeta, pero a lo mejor no era yo el que respiraba haciendo ruido.

—¿Todavía ves la luz roja?
—No, no la veo, pero me parece que...
—No te muevas, no hablés. Mirá bien, ahora.

Un aliento me llegaba desde el otro lado, un perfume caliente a bocanadas, el triángulo empezaba a convertirse en una serie de rayas paralelas, blancas y azules, me dolía el mentón apresado en el soporte de goma, hubiera querido levantar la cabeza y librarme de esa jaula en la que me sentía amarrado, la caricia entre los muslos me llegó como desde lejos, la mano que me subía entre las piernas y buscaba uno a uno los botones del pantalón, entraba dos dedos, terminaba de desabotonarme y buscaba algo que no se dejaba agarrar, reducido a una nada lastimosa hasta que los dedos lo envolvieron y suavemente lo sacaron fuera del pantalón, acariciándolo despacio mientras las luces se volvían más y más blancas y el centro rojo asomaba de nuevo. Debí tratar de zafarme porque sentí el dolor en lo alto de la cabeza y el mentón, era imposible salir de la jaula ajustada o tal vez cerrada por detrás, el perfume volvía con el jadeo, las luces bailaban en mis ojos, todo iba y volvía como la mano de la señorita Maggi llenándome de un lento abandono interminable.

—Dejate ir —la voz llegaba desde el jadeo, era el jadeo mismo hablándome—, gozá, chiquito, tenés que darme aunque sea unas gotas para los análisis, ahora, así, así.

Sentí el roce de un recipiente allí donde todo era placer y fuga, la mano sostuvo y corrió y apretó blandamente, casi no me di cuenta de que delante de los ojos no había más que el cristal oscuro y que el tiempo pasaba, ahora la señorita Maggi estaba detrás de mí y me soltaba las correas de la cabeza. Un latigazo de luz amarilla golpeándome mientras me enderezaba y me abrochaba, una puerta del fondo y la señorita Maggi mostrándome la salida, mirándome sin expresión, una cara lisa y saciada, la peluca violentamente iluminada por la luz amarilla. Otro se le hubiera tirado encima ahí nomás, la hubiera abrazado ahora que no había ninguna razón para no abrazarla o besarla o pegarle, otro como Fiori o Raguzzi, pero tal vez nadie lo hubiera hecho y la puerta se le hubiera cerrado como a mí a la espalda con un golpe seco, dejándome en otro pasadizo que giraba a la distancia y se perdía en su propia curva, en una soledad donde faltaba Nito, donde sentí la ausencia de Nito como algo insoportable y corrí hacia el codo, y cuando vi la única puerta me tiré contra ella y estaba cerrada con llave, la golpeé y oí mi golpe como un grito, me apoyé contra la puerta resbalando poco a poco hasta quedar de rodillas, a lo mejor era debilidad, el mareo después de la señorita Maggi. Del otro lado de la puerta me llegaron la gritería y las risas.

Porque ahí se reía y se gritaba fuerte, alguien había empujado a Nito para hacerlo avanzar entre el acuario y la pared de la izquierda por donde todos se movían buscando la salida, Caletti mostrando el camino con los brazos en alto como había mostrado al perro al entrar, y los otros siguiéndolo entre chillidos y empujones, Nito con alguien atrás que también lo empujaba tratándolo de dormido y de fiaca, no había terminado de pasar la puerta cuando ya el juego empezaba, reconoció al Rengo que entraba por otro lado con los ojos vendados y sostenido por el gallego Fernando y Raguzzi que lo cuidaban de un tropezón o un golpe, los demás ya se estaban escondiendo detrás de los sillones, en un armario, debajo de una cama, Kurchin se había trepado a una silla y de ahí a lo alto de una estantería, mientras los otros se desparramaban en el enorme salón y esperaban los movimientos del Rengo para evadirlo en puntas de pie o llamándolo con voces en falsete para engañarlo, el Rengo se contoneaba y soltaba gritillos con los brazos tendidos buscando atrapar a alguno, Nito tuvo que huir hacia una pared y luego esconderse detrás de una mesa con floreros y libros, y cuando el Rengo alcanzó al petiso Larrañaga con un chillido de triunfo, los demás salieron aplaudiendo de los escondites, y el Rengo se sacó la venda y se la puso a Larrañaga, lo hacía duramente y apretándole los ojos, aunque el petiso protestaba, condenándolo a ser el que tenía que buscarlos, la gallina ciega atada con la misma despiadada fuerza con que habían atado las patas del perrito blanco. Y otra vez dispersarse entre risas y cuchicheos, el profesor Iriarte dando saltos, Fiori buscando donde esconderse sin perder la calma compadrona, Raguzzi sacando pecho y gritando a dos metros del petiso Larrañaga que se abalanzaba para no encontrar más que el aire, Raguzzi de un salto fuera de su alcance gritándole ¡*Me Tarzan, you Jane*, boludo!, el petiso perplejo dando vueltas y buscando en el vacío, la señorita Maggi que reaparecía para abrazarse con el Rengo y reírse de Larrañaga, los dos con gritos de miedo cuando el petiso se tiró hacia ellos y se escaparon por un pelo de sus manos tendidas, Nito saltando hacia atrás y viendo cómo el petiso agarraba por el pelo a Kurchin que se había descuidado, el alarido de Kurchin y Larrañaga sacándose la venda pero sin soltar la presa, los aplausos y los gritos, de golpe silencio porque el Rengo alzaba una mano y Fiori a su lado se plantaba en posición de firme y daba una orden que nadie entendió pero era igual, el uniforme de Fiori como la orden misma, nadie se movía, ni siquiera Kurchin con los ojos llenos de lágrimas, porque Larrañaga casi le arrancaba el pelo, lo mantenía ahí sin soltarlo.

—Tusa —mandó el Rengo—. Ahora tusa y caricatusa. Ponelo.

Larrañaga no entendía, pero Fiori le mostró a Kurchin con un gesto seco, y entonces el petiso le tiró del pelo obligándolo a agacharse cada vez más, ya los otros se iban poniendo en fila, las mujeres con gritos y recogiéndose las polleras, Perrone el primero y después el profesor Iriarte, Moreira haciéndose la remilgada, Caletti y la Chancha Delucía, una fila que llegaba hasta el fondo del salón y Larrañaga sujetando a Kurchin agachado y soltándolo de golpe cuando el Rengo hizo un gesto y Fiori ordenó «¡Saltar sin pegar!», Perrone en punta y detrás toda la fila, empezaron a saltar apoyando las manos en la espalda de Kurchin arqueado como un chanchito, saltaban al rango pero gritando «¡Tusa!», gritando «¡Caricatusa!» cada vez que pasaban por encima de Kurchin y rehacían la fila del otro lado, daban la vuelta al salón y empezaban de nuevo, Nito casi al final saltando lo más liviano que podía para no aplastar a Kurchin, después Macías dejándose caer como una bolsa, oyendo al Rengo que chillaba «¡Saltar y pegar!», y toda la fila pasó de nuevo por encima de Kurchin, pero ahora buscando patearlo y golpearlo a la vez que saltaban, ya habían roto la fila y rodeaban a Kurchin, con las manos abiertas le pegaban en la cabeza, la espalda, Nito había alzado el brazo cuando vio a Raguzzi que soltaba la primera patada en las nalgas de Kurchin que se contrajo y gritó, Perrone y Mutis le pateaban las piernas mientras las mujeres se ensañaban con el lomo de Kurchin, que aullaba y quería enderezarse y escapar, pero Fiori se acercba y lo retenía por el pescuezo gritando «¡Tusa, caricatusa, pegar y pegar!», algunas manos ya eran puños cayendo sobre los flancos y la cabeza de Kurchin, que clamaba pidiendo perdón sin poder zafarse de Fiori, de la lluvia de patadas y trompadas que lo cercaban. Cuando el Rengo y la señorita Maggi gritaron una orden al mismo tiempo, Fiori soltó a Kurchin que cayó de costado, sangrándole la boca, del fondo del salón vino corriendo el gallego Manolo y lo levantó como si fuera una bolsa, se lo llevó mientras todos aplaudían rabiosamente y Fiori se acercaba al Rengo y a la señorita Maggi como consultándolos.

Nito había retrocedido hasta quedar en el borde del círculo que empezaba a romperse sin ganas, como queriendo seguir el juego o empezar otros, desde ahí vio cómo el Rengo mostraba con el dedo al profesor Iriarte, y a Fiori que se le acercba y le hablaba, después una orden seca y todos empezaron a formarse en cuadro, de a cuatro en fondo, las mujeres atrás y Raguzzi como adalid del pelotón, mirando furioso a Nito que tardaba en encontrar un lugar cualquiera en la segunda fila. Todo esto lo vi yo clarito mientras el gallego Fernando me traía de un brazo después de haberme encontrado detrás de la puerta cerrada y abrirla para hacerme entrar de un empellón, vi cómo el Rengo y la señorita Maggi se instalaban en un sofá contra la pared, los otros que completaban el cuadro con Fiori y Raguzzi al frente, con Nito pálido entre los de la segunda fila, y el profesor Iriarte que se dirigía al cuadro como en una clase, después de un saludo ceremonioso al Rengo y a la señorita Maggi, yo perdiéndome como podía entre las locas del fondo que me miraban riéndose y cuchicheando hasta que el profesor Iriarte carraspeó y se hizo un silencio que duró no sé hasta cuándo.

—Se procederá a enunciar el decálogo —dijo el profesor Iriarte—. Primera profesión de fe.

Yo lo miraba a Nito como si todavía él pudiera ayudarme, con una estúpida esperanza de que me mostrara una salida, una puerta cualquiera para escaparnos, pero Nito no parecía darse cuenta de que yo estaba ahí detrás, miraba fijamente el aire como todos, inmóvil como todos ahora.

Monótonamente, casi sílaba a sílaba, el cuadro enunció:

—Del orden emana la fuerza, y de la fuerza emana el orden.

—¡Corolario! —mandó Iriarte.

—Obedece para mandar, y manda para obedecer —recitó el cuadro.

Era inútil esperar que Nito se diera vuelta, hasta creo haber visto que sus labios se movían como si se hicieran el eco de lo que recitaban los otros. Me apoyé en la pared, un panel de madera que crujió, y una de las locas, creo que Moreira, me miró alarmada. «Segunda profesión de fe», estaba ordenando Iriarte cuando sentí que eso no era un panel sino una puerta, y que cedía poco a poco mientras yo me iba dejando resbalar en un mareo casi agradable. «Ay, pero qué te pasa, precioso», alcanzó a cuchichear Moreira y ya el cuadro enunciaba una frase que no comprendí, girando de lado pasé al otro lado y cerré la puerta, sentí la presión de las manos de Moreira y Macías que buscaban abrirla y bajé el pestillo que brillaba maravillosamente en la penumbra, empecé a correr por una galería, un codo, dos piezas vacías y a oscuras, con al final otro pasillo que llevaba directamente al corredor sobre el patio en el lado opuesto a la sala de profesores. De todo eso me acuerdo poco, yo no era más que mi propia fuga, algo que corría en la sombra tratando de no hacer ruido, resbalando sobre las baldosas hasta llegar a la escalera de mármol, bajarla de a tres peldaños y sentirme impulsado por esa casi caída hasta las columnas del peristilo donde estaba el poncho y también los brazos abiertos del gallego Manolo cerrándome el paso. Ya lo dije, me acuerdo poco de todo eso, tal vez le hundí la cabeza en pleno estómago o lo barajé de una patada en la barriga, el poncho se me enredó en uno de los pinchos de la reja, pero lo mismo trepé y salté, en la vereda había un gris de amanecer y un viejo andando despacio, el gris sucio del alba y el viejo que se quedó mirándome con una cara de pescado, la boca abierta para un grito que no alcanzó a gritar.

Todo ese domingo no me moví de casa, por suerte me conocían en la familia y nadie hizo preguntas que no hubiera contestado, a mediodía llamé por teléfono a casa de Nito, pero la madre me dijo que no estaba, por la tarde supe que Nito había vuelto pero que ya andaba otra vez afuera, y cuando llamé a las diez de la noche, un hermano me dijo que no sabía dónde estaba. Me asombró que no hubiera venido a buscarme, y cuando el lunes llegué a la escuela me asombro todavía más encontrármelo en la entrada, él que batía todas las marcas en materia de llegadas tarde. Estaba hablando con Delich, pero se separó de él y vino a encontrarme, me estiró la mano y yo se la apreté aunque era raro, era tan raro que nos diéramos la mano al llegar a la escuela. Pero qué importaba si ya lo otro me venía a borbotones, en los cinco minutos que faltaban para la campana teníamos que decirnos tantas cosas, pero entonces vos qué hiciste, cómo te escapaste, a mí me atajó el gallego y entonces, sí, ya sé, estaba diciéndome Nito, no te excités tanto, Toto, dejame hablar un poco a mí. Che, pero es que... Sí, claro, no es para menos. ¿Para menos, Nito, pero vos me estás cachando o qué? Ahora mismo tenemos que subir y denunciarlo al Rengo. Esperá, esperá, no te calentés así, Toto.

Eso seguía, como dos monólogos cada uno por su lado, de alguna manera yo empezaba a darme cuenta de que algo no andaba, de que Nito estaba como en otra cosa. Pasó Moreira y saludó con una guiñada de ojos, de lejos vi a la Chancha Delucía que entraba corriendo, a Raguzzi con su saco deportivo, todos los hijos de puta iban llegando mezclados con los amigos, con Llanes y Alermi que también decían qué tal, viste cómo ganó River, qué te había dicho, pibe, y Nito mirándome y repitiendo aquí no, ahora no, Toto, a la salida hablamos en el café. Pero mirá, mirá, Nito, miralo a Kurchin con la cabeza vendada, yo no me puedo quedar callado, subamos juntos, Nito, o voy solo, te juro que voy solo ahora mismo. No, dijo Nito, y había como otra voz en esa sola palabra, no vas a subir ahora, Toto, primero vamos a hablar vos y yo.

Era él, claro, pero fue como si de repente no lo conociera. Me había dicho que no como podía habérmelo dicho Fiori, que ahora llegaba silbando, de civil por supuesto, y saludaba con una sonrisa sobradora que nunca le había conocido antes. Me pareció como si todo se condensara de golpe en eso, en el no de Nito, en la sonrisa inimaginable de Fiori; era de nuevo el miedo de esa fuga en la noche, de las escaleras más voladas que bajadas, de los brazos abiertos del gallego Manolo entre las columnas.

—¿Y por qué no voy a subir? —dije absurdamente—. ¿Por qué no lo voy a denunciar al Rengo, a Iriarte, a todos?

—Porque es peligroso —dijo Nito—. Aquí no podemos hablar ahora, pero en el café te explico. Yo me quedé más que vos, sabés.

—Pero al final también te escapaste —dije como desde una esperanza, buscándolo como si no lo tuviera ahí delante mío.

—No, no tuve que escaparme, Toto. Por eso te digo que te calles ahora.

—¿Y por qué tengo que hacerte caso? —grité, creo que a punto de llorar, de pegarle, de abrazarlo.

—Porque te conviene —dijo la otra voz de Nito—. Porque no sos tan idiota para no darte cuenta de que si abrís la boca te va a costar caro. Ahora no podés comprender y hay que entrar a clase. Pero te lo repito, si decís una sola palabra te vas a arrepentir toda la vida, si es que estás vivo.

Jugaba, claro, no podía ser que me estuviera diciendo eso, pero era la voz, la forma en que me lo decía, ese convencimiento y esa boca apretada. Como Raguzzi, como Fiori, ese convencimiento y esa boca apretada. Nunca sabré de qué hablaron los profesores ese día, todo el tiempo sentía en la espalda los ojos de Nito clavados en mí. Y Nito tampoco seguía las clases, qué le importaban las clases ahora, esas cortinas de humo del Rengo y de la señorita Maggi para que lo otro, lo que importaba de veras, se fuera cumpliendo poco a poco, así como poco a poco se habían ido enunciando para él las profesiones de fe del decálogo, una tras otra, todo eso que iría naciendo alguna vez de la obediencia al decálogo, del cumplimiento futuro del decálogo, todo eso que había aprendido y prometido y jurado esa noche y que alguna vez se cumpliría para el bien de la patria cuando llegara la hora y el Rengo y la señorita Maggi dieran la orden de que empezara a cumplirse.

Pesadillas

Esperar, lo decían todos, hay que esperar porque nunca se sabe en casos así, también el doctor Raimondi, hay que esperar, a veces se da una reacción y más a la edad de Mecha, hay que esperar, señor Botto, sí doctor, pero ya van dos semanas y no se despierta, dos semanas que está como muerta, doctor, ya lo sé, señora Luisa, es un estado de coma clásico, no se puede hacer más que esperar. Lauro también esperaba, cada vez que volvía de la facultad se quedaba un momento en la calle antes de abrir la puerta, pensaba hoy sí, hoy la voy a encontrar despierta, habrá abierto los ojos y le estará hablando a mamá, no puede ser que dure tanto, no puede ser que se vaya a morir a los veinte años, seguro que está sentada en la cama y hablando con mamá, pero había que seguir esperando, siempre igual m'hijito, el doctor va a volver a la tarde, todos dicen que no se puede hacer nada. Venga a comer algo, amigo, su madre se va a quedar con Mecha, usted tiene que alimentarse, no se olvide de los exámenes, de paso vemos el noticioso. Pero todo era de paso allí donde lo único que duraba sin cambio, lo único exactamente igual día tras día era Mecha, el peso del cuerpo de Mecha en esa cama, Mecha flaquita y liviana, bailarina de rock y tenista, ahí aplastada y aplastando a todos desde hacía semanas, un proceso viral complejo, estado comatoso, señor Botto, imposible pronosticar, señora Luisa, nomás que sostenerla y darle todas las chances, a esa edad hay tanta fuerza, tanto deseo de vivir. Pero es que ella no puede ayudar, doctor, no comprende nada, está como, ah perdón Dios mío, ya ni sé lo que digo.

Lauro tampoco lo creía del todo, era como un chiste de Mecha que siempre le había hecho los peores chistes, vestida de fantasma en la escalera, escondiéndole un plumero en el fondo de la cama, riéndose tanto los dos, inventándose trampas, jugando a seguir siendo chicos. Proceso viral complejo, el brusco apagón una tarde después de la fiebre y los dolores, de golpe el silencio, la piel cenicienta, la respiración lejana y tranquila. Unica cosa tranquila allí donde médicos y aparatos y análisis y consultas hasta que poco a poco la mala broma de Mecha había sido más fuerte, dominándolos a todos de hora en hora, los gritos desesperados de doña Luisa cediendo después a un llanto casi escondido, a una angustia de cocina y de cuarto de baño, las imprecaciones paternas divididas por la hora de los noticiosos y el vistazo al diario, la incrédula rabia de Lauro interrumpida por los viajes a la facultad, las clases, las reuniones, esa bocanada de esperanza cada vez que volvía del centro, me la vas a pagar, Mecha, esas cosas no se hacen, desgraciada, te la voy a cobrar, vas a ver. La única tranquila aparte de la enfermera tejiendo, al perro lo habían mandado a casa de un tío, el doctor Raimondi ya no venía con los colegas, pasaba al anochecer y casi no se quedaba, también él parecía sentir el peso del cuerpo de Mecha que los aplastaba un poco más cada día, los acostumbraba a esperar, a lo único que podía hacerse.

Lo de la pesadilla empezó la misma tarde en que doña Luisa no encontraba el termómetro y la enfermera, sorprendida, se fue a buscar otro a la farmacia de la esquina. Estaba hablando de eso porque un termómetro no se pierde así nomás cuando se lo está utilizando tres veces al día, se acostumbraban a hablarse en voz alta al lado de la cama de

Mecha, los susurros del comienzo no tenían razón de ser porque Mecha era incapaz de escuchar, el doctor Raimondi estaba seguro de que el estado de coma la aislaba de toda sensibilidad, se podía decir cualquier cosa sin que nada cambiara en la expresión indiferente de Mecha. Todavía hablaban del termómetro cuando se oyeron los tiros en la esquina, a lo mejor más lejos, por el lado de Gaona. Se miraron, la enfermera se encogió de hombros porque los tiros no eran una novedad en el barrio ni en ninguna parte, y doña Luisa iba a decir algo más sobre el termómetro cuando vieron pasar el temblor por las manos de Mecha. Duró un segundo pero las dos se dieron cuenta y doña Luisa gritó y la enfermera le tapó la boca, el señor Botto vino de la sala y los tres vieron cómo el temblor se repetía en todo el cuerpo de Mecha, una rápida serpiente corriendo del cuello hasta los pies, un moverse de los ojos bajo los párpados, la leve crispación que alteraba las facciones, como una voluntad de hablar, de quejarse, el pulso más rápido, el lento regreso a la inmovilidad. Teléfono, Raimondi, en el fondo nada nuevo, acaso un poco más de esperanza aunque Raimondi no quiso decirlo, santa Virgen, que sea cierto, que se despierte mi hija, que se termine este calvario, Dios mío. Pero no se terminaba, volvió a empezar una hora más tarde, después más seguido, era como si Mecha estuviera soñando y que su sueño fuera penoso y desesperante, la pesadilla volviendo y volviendo sin que pudiera rechazarla, estar a su lado y mirarla y hablarle sin que nada de lo de fuera le llegara, invadida por esa otra cosa que de alguna manera continuaba la larga pesadilla de todos ellos ahí sin comunicación posible, sálvala, Dios mío, no la dejes así, y Lauro que volvía de una clase y se quedaba también al lado de la cama, una mano en el hombro de su madre que rezaba.

Por la noche hubo otra consulta, trajeron un nuevo aparato con ventosas y electrodos que se fijaban en la cabeza y las piernas, dos médicos amigos de Raimondi discutieron largo en la sala, habrá que seguir esperando, señor Botto, el cuadro no ha cambiado, sería imprudente pensar en un síntoma favorable. Pero es que está soñando, doctor, tiene pesadillas, usted mismo la vio, va a volver a empezar, ella siente algo y sufre tanto, doctor. Todo es vegetativo, señora Luisa, no hay conciencia, le aseguro, hay que esperar y no impresionarse por eso, su hija no sufre, ya sé que es penoso, va a ser mejor que la deje sola con la enfermera hasta que haya una evolución, trate de descansar, señora, tome las pastillas que le di.

Lauro veló junto a Mecha hasta medianoche, de a ratos leyendo apuntes para los exámenes. Cuando se oyeron las sirenas pensó que hubiera tenido que telefonear al número que le había dado Lucero, pero no debía hacerlo desde la casa y no era cuestión de salir a la calle justo después de las sirenas. Veía moverse lentamente los dedos de la mano izquierda de Mecha, otra vez los ojos parecían girar bajo los párpados. La enfermera le aconsejó que se fuera de la pieza, no había nada que hacer, solamente esperar. «Pero es que está soñando», dijo Lauro, «está soñando otra vez, mírela». Duraba como las sirenas ahí afuera, las manos parecían buscar algo, los dedos tratando de encontrar un asidero en la sábana. Ahora doña Luisa estaba ahí de nuevo, no podía dormir. ¿Por qué —la enfermera casi enojada— no había tomado las pastillas del doctor Raimondi? «No las encuentro», dijo doña Luisa como perdida, «estaban en la mesa de luz pero no las encuentro». La enfermera fue a buscarlas, Lauro y su madre se miraron, Mecha movía apenas los dedos y ellos sentían que la pesadilla seguía ahí, que se prolongaba interminablemente como negándose a alcanzar ese punto en que una especie de piedad, de lástima final la despertaría como a todos para rescatarla del espanto. Pero seguía soñando, de un momento a otro los dedos empezarían a moverse otra vez. «No las veo por ninguna parte, señora», dijo la enfermera. «Estamos todos tan perdidos, uno ya no sabe adónde van a parar las cosas en esta casa».

Lauro volvió tarde la noche siguiente, y el señor Botto le hizo una pregunta casi evasiva sin dejar de mirar el televisor, en pleno comentario de la Copa. «Una reunión con amigos», dijo Lauro buscando con qué hacerse un sándwich. «Ese gol fue una belleza», dijo el señor Botto, «menos mal que retransmiten el partido para ver mejor esas jugadas campeonas». Lauro no parecía interesado en el gol, comía mirando al suelo. «Vos sabrás lo que hacés, muchacho», dijo el señor Botto sin sacar los ojos de la pelota, «pero andate con cuidado». Lauro alzó la vista y lo miró casi sorprendido, primera vez que su padre se dejaba ir a un comentario tan personal. «No se haga problema, viejo», le dijo levantándose para cortar todo diálogo.

La enfermera había bajado la luz del velador y apenas se veía a Mecha. En el sofá, doña Luisa se quitó las manos de la cara y Lauro la besó en la frente.

—Sigue lo mismo —dijo doña Luisa—. Sigue todo el tiempo así, hijo. Fijate, fijate cómo le tiembla la boca, pobrecita, qué estará viendo, Dios mío, cómo puede ser que esto dure y dure, que esto...

—Mamá.

—Pero es que no puede ser, Lauro, nadie se da cuenta como yo, nadie comprende que está todo el tiempo con una pesadilla y que no se despierta...

—Yo lo sé, mamá, yo también me doy cuenta. Si se pudiera hacer algo, Raimondi lo habría hecho. Vos no la podés ayudar quedándote aquí, tenés que irte a dormir, tomar un calmante y dormir.

La ayudó a levantarse y la acompañó hasta la puerta. «¿Qué fue eso, Lauro?», deteniéndose bruscamente. «Nada, mamá, unos tiros lejos, ya sabés». Pero qué sabía en realidad doña Luisa, para qué hablar más. Ahora sí, ya era tarde, después de dejarla en su dormitorio tendría que bajar hasta el almacén y desde ahí llamarlo a Lucero.

No encontró la campera azul que le gustaba ponerse de noche, anduvo mirando en los armarios del pasillo por si su madre la hubiera colgado ahí, al final se puso un saco cualquiera porque hacía fresco. Antes de salir entró un momento en la pieza de Mecha, casi antes de verla en la penumbra sintió la pesadilla, el temblor de las manos, la habitante secreta resbalando bajo la piel. Las sirenas afuera otra vez, no debería salir hasta más tarde, pero entonces el almacén estaría cerrado y no podría telefonear. Bajo los párpados los ojos de Mecha giraban como si buscaran abrirse paso, mirarlo, volver de su lado. Le acarició la frente con un dedo, tenía miedo de tocarla, de contribuir a la pesadilla con cualquier estímulo de fuera. Los ojos seguían girando en las órbitas y Lauro se apartó, no sabía por qué pero tenía cada vez más miedo, la idea de que Mecha pudiera alzar los párpados y mirarlo lo hizo echarse atrás. Si su padre se había ido a dormir podría telefonear desde la sala bajando la voz, pero el señor Botto seguía escuchando los comentarios del partido. «Sí, de eso hablan mucho», pensó Lauro. Se levantaría temprano para telefonearle a Lucero antes de ir a la facultad. De lejos vio a la enfermera que salía de su dormitorio llevando algo que brillaba, una jeringa de inyecciones o una cuchara.

Hasta el tiempo se mezclaba o se perdía en ese esperar continuo, con noches en vela o días de sueño para compensar, los parientes o amigos que llegaban en cualquier momento y se turnaban para distraer a doña Luisa o jugar al dominó con el señor Botto, una enfermera suplente porque la otra había tenido que irse por una semana de Buenos Aires, las tazas de café que nadie encontraba porque andaban desparramadas en todas las piezas, Lauro dándose una vuelta cuando podía y yéndose en cualquier momento, Raimondi que ya ni tocaba el timbre antes de entrar para la rutina de siempre, no se nota ningún cambio negativo, señor Botto, es un proceso en el que no se puede hacer más que sostenerla, le estoy reforzando la alimentación por sonda, hay que esperar. Pero es que sueña todo el tiempo, doctor, mírela, ya casi no descansa. No es eso, señora Luisa, usted se imagina que está soñando pero son reacciones físicas, es difícil explicarle porque en estos casos hay otros factores, en fin, no crea que tiene conciencia de eso que parece un sueño, a lo mejor por ahí es buen síntoma tanta vitalidad y esos reflejos, créame que la estoy siguiendo de cerca, usted es la que tiene que descansar, señora Luisa, venga que le tome la presión.

A Lauro se le hacía cada vez más difícil volver a su casa con el viaje desde el centro y todo lo que pasaba en la facultad, pero más por su madre que por Mecha se aparecía a cualquier hora y se quedaba un rato, se enteraba de lo de siempre, charlaba con los viejos, les inventaba temas de conversación para sacarlos un poco del agujero. Cada vez que se acercaba a la cama de Mecha era la misma sensación de contacto imposible, Mecha tan cerca y como llamándolo, los vagos signos de los dedos y esa mirada desde adentro, buscando salir, algo que seguía y seguía, un mensaje de prisionero a través de paredes de piel, su llamada insoportablemente inútil. Por momentos lo ganaba la histeria, la seguridad de que Mecha lo reconocía más que a su madre o a la enfermera, que la pesadilla alcanzaba su peor instante cuando él estaba ahí mirándola, que era mejor irse en seguida puesto que no podía hacer nada, que hablarle era inútil, estúpida, querida, dejate de joder, querés, abrí de una vez los ojos y acabala con ese chiste barato, Mecha idiota, hermanita, hermanita, hasta cuándo nos vas a estar tomando el pelo, loca de mierda, pajarraca, mandá esa comedia al diablo y vení que tengo tanto que contarte, hermanita, no sabés nada de lo que pasa pero lo mismo te lo voy a contar, Mecha, porque no entendés nada te lo voy a contar. Todo pensado como en ráfagas de miedo, de querer aferrarse a Mecha, ni una palabra en voz alta porque la enfermera o doña Luisa no dejaban nunca sola a Mecha, y él ahí necesitando hablarle de tantas cosas, como Mecha a lo mejor estaba hablándole desde su lado, desde los ojos cerrados y los dedos que dibujaban letras inútiles en las sábanas.

Era jueves, no porque supieran ya en qué día estaban ni les importara pero la enfermera lo había mencionado mientras tomaban café en la cocina, el señor Botto se acordó de que había un noticioso especial, y doña Luisa que su hermana de Rosario había telefoneado para decir que vendría el jueves o el viernes. Seguro que los exámenes ya empezaban para Lauro, había salido a las ocho sin despedirse, dejando un papelito en la sala, no estaba seguro de volver para la cena, que no lo esperaran por las dudas. No vino para la cena, la enfermera consiguió por una vez que doña Luisa se fuera temprano a descansar, el señor Botto se había asomado a la ventana de la sala después del telejuego, se oían ráfagas de ametralladora por el lado de Plaza Irlanda, de pronto la calma, casi demasiada, ni siquiera un patrullero, mejor irse a dormir, esa mujer que había contestado a todas las preguntas del telejuego de las diez era un fenómeno, lo que sabía de historia antigua, casi como si estuviera viviendo en la época de Julio César, al final la cultura daba más plata que ser martillero público. Nadie se enteró de que la puerta no iba a abrirse en toda la noche, que Lauro no estaba de vuelta en su pieza, por la mañana pensaron que descansaba todavía después de algún examen o que estudiaba antes del desayuno, solamente a las diez se dieron cuenta de que no estaba. «No te hagás problema», dijo el señor Botto, «seguro que se quedó festejando algo con los amigos». Para doña Luisa era la hora de ayudarla a la enfermera a lavar y cambiar a Mecha, el agua templada y la colonia, algodones y sábanas, ya mediodía y Lauro, pero es raro, Eduardo, cómo no telefoneó por lo menos, nunca hizo eso, la vez de la fiesta de fin de curso llamó a las nueve, te acordás, tenía miedo de que nos preocupáramos y eso que era más chico. «El pibe andará loco con los exámenes», dijo el señor Botto; «vas a ver que llega de un momento a otro, siempre aparece para el noticioso de la una». Pero Lauro no estaba a la una, perdiéndose las noticias deportivas y el flash sobre otro atentado subversivo frustrado por la rápida intervención de las fuerzas del orden, nada nuevo, temperatura en paulatino descenso, lluvias en la zona cordillerana.

Era más de las siete cuando la enfermera vino a buscar a doña Luisa que seguía telefoneando a los conocidos, el señor Botto esperaba que un comisario amigo lo llamara para ver si se había sabido algo, a cada minuto le pedía a doña Luisa que dejara la línea libre pero ella seguía buscando en el carnet y llamando a gente conocida, capaz que Lauro se había quedado en casa del tío Fernando o estaba de vuelta en la facultad para otro examen. «Dejá quieto el teléfono, por favor», pidió una vez más el señor Botto, «no te das cuenta de que a lo mejor el pibe está llamando justamente ahora y todo el tiempo le da ocupado, qué querés que haga desde un teléfono público, cuando no están rotos hay que dejarle el turno a los demás». La enfermera insistía y doña Luisa fue a ver a Mecha, de repente había empezado a mover la cabeza, cada tanto la giraba lentamente a un lado y al otro, había que arreglarle el pelo que le caía por la frente. Avisar en seguida al doctor Raimondi, difícil ubicarlo a fin de tarde pero a las nueve su mujer telefoneó para decir que llegaría en seguida. «Va a ser difícil que pase», dijo la enfermera que volvía de la farmacia con una caja de inyecciones, «cerraron todo el barrio no se sabe por qué, oigan las sirenas». Apartándose apenas de Mecha que seguía moviendo la cabeza como en una lenta negativa obstinada, doña Luisa llamó al señor Botto, no, nadie sabía nada, seguro que el pibe tampoco podía pasar pero a Raimondi lo dejarían por la chapa de médico.

—No es eso, Eduardo, no es eso, seguro que le ha ocurrido algo, no puede ser que a esta hora sigamos sin saber nada, Lauro siempre...

—Mirá, Luisa —dijo el señor Botto—, fijate cómo mueve la mano y también el brazo, primera vez que mueve el brazo, Luisa, a lo mejor...

—Pero si es peor que antes, Eduardo, no te das cuenta de que sigue con las alucinaciones, que se está como defendiendo de... Hágale algo, Rosa, no la deje así, yo voy a llamar a los Romero que a lo mejor tienen noticias, la chica estudiaba con Lauro, por favor póngale una inyección, Rosa, ya vuelvo, o mejor llamá vos, Eduardo, preguntales, andá en seguida.

En la sala el señor Botto empezó a discar y se paró, colgó el tubo. Capaz que justamente Lauro, qué iban a saber los Romero de Lauro, mejor esperar otro poco. Raimondi no llegaba, lo habrían atajado en la esquina, estaría dando explicaciones, Rosa no podía darle otra inyección a Mecha, era un calmante demasiado fuerte, mejor esperar hasta que llegara el doctor. Inclinada sobre Mecha, apartándole el pelo que le tapaba los ojos inútiles, doña Luisa empezó a tambalearse, Rosa tuvo el tiempo justo para acercarle una silla, ayudarla a sentarse como un peso muerto. La sirena crecía viniendo del lado de Gaona cuando Mecha abrió los párpados, los ojos velados por la tela que se había ido depositando durante semanas se fijaron en un punto del cielo raso, derivaron lentamente hasta la cara de doña Luisa que gritaba, que se apretaba el pecho con las manos y gritaba. Rosa luchó por alejarla, llamando desesperada al señor Botto que ahora llegaba y se quedaba inmóvil a los pies de la cama mirando a Mecha, todo como concentrado en los ojos de Mecha que pasaban poco a poco de doña Luisa al señor Botto, de la enfermera al cielo raso, las manos de Mecha subiendo lentamente por la cintura, resbalando para juntarse en lo alto, el cuerpo estremeciéndose en un espasmo porque acaso sus oídos escuchaban ahora la multiplicación de las sirenas, los golpes en la puerta que hacían temblar la casa, los gritos de mando y el crujido de la madera astillándose después de la ráfaga de ametralladora, los alaridos de doña Luisa, el envión de los cuerpos entrando en montón, todo tan a tiempo para que terminara la pesadilla y Mecha pudiera volver por fin a la realidad, a la hermosa vida.

La noche de Mantequilla

Eran esas ideas que se le ocurrían a Peralta, él no daba mayores explicaciones a nadie pero esa vez se abrió un poco más y dijo que era como el cuento de la carta robada, Estévez no entendió al principio y se quedó mirándolo a la espera de más; Peralta se encogió de hombros como quien renuncia a algo y le alcanzó la entrada para la pelea, Estévez vio bien grande un número 3 en rojo sobre fondo amarillo, y abajo 235; pero ya antes, cómo no verlo con esas letras que saltaban a los ojos, MONZON V. NAPOLES. La otra entrada se la harán llegar a Walter, dijo Peralta. Vos estarás ahí antes de que empiecen las peleas (nunca repetía instrucciones, y Estévez escuchó reteniendo cada frase) y Walter llegará en la mitad de la primera preliminar, tiene el asiento a tu derecha. Cuidado con los que se avivan a último momento y buscan mejor sitio, decile algo en español para estar seguro. El vendrá con una de esas carteras que usan los hippies, la pondrá entre los dos si es un tablón o en el suelo si son sillas. No le hablés más que de las peleas y fijate bien alrededor, seguro habrá mexicanos o argentinos, tenelos bien marcados para el momento en que pongas el paquete en la cartera. ¿Walter sabe que la cartera tiene que estar abierta?, preguntó Estévez. Sí, dijo Peralta como sacándose una mosca de la solpa, solamente esperá hasta el final cuando ya nadie se distrae. Con Monzón es difícil distraerse, dijo Estévez. Con Mantequilla tampoco, dijo Peralta. Nada de charla, acordate. Walter se irá primero, vos dejá que la gente vaya saliendo y andate por otra puerta.

Volvió a pensar en todo eso como un repaso final mientras el metro lo llevaba a la Défense entre pasajeros que por la pinta iban también a ver la pelea, hombres de a tres o cuatro, franceses marcados por la doble paliza de Monzón a Bouttier, buscando una revancha vicaria o acaso ya conquistados secretamente. Qué idea genial la de Peralta, darle esa misión que por venir de él tenía que ser crítica, y a la vez dejarlo ver de arriba una pelea que parecía para millonarios. Ya había comprendido la alusión a la carta robada, a quién se le iba a ocurrir que Walter y él podrían encontrarse en el box, en realidad no era una cuestión de encuentro porque eso podía haber ocurrido en mil rincones de París, sino de responsabilidad de Peralta que medía despacio cada cosa. Para los que pudieran seguir a Walter o seguirlo a él, un cine o un café o una casa eran posibles lugares de encuentro, pero esa pelea valía como una obligación para cualquiera que tuviese la plata suficiente, y si por ahí los seguían se iban a dar un chasco del carajo delante de la carpa de circo montada por Alain Delon; allí no entraría nadie sin el papelito amarillo, y las entradas estaban agotadas desde una semana antes, lo decían todos los diarios. Más todavía a favor de Peralta, si por ahí lo venían siguiendo o lo seguían a Walter, imposible verlos juntos ni a la entrada ni a la salida, dos aficionados entre miles y miles que asomaban como bocanadas de humo del metro y de los ómnibus, apretándose a medida que el camino se hacía uno solo y la hora se acercaba.

Vivo, Alain Delon: una carpa de circo montada en un terreno baldío al que se llegaba después de cruzar una pasarela y seguir unos caminos improvisados con tablones. Había llovido la noche anterior y la gente no se apartaba de los tablones, ya desde la salida del metro orientándose por las enormes flechas que indicaban el buen rumbo y

MONZON-NAPOLES a todo color. Vivo, Alain Delon, capaz de meter sus propias flechas en el territorio sagrado del metro aunque le costara plata. A Estévez no le gustaba el tipo, esa manera prepotente de organizar el campeonato mundial por su cuenta, armar una carpa y dale que va previo pago de qué sé yo cuánta guita, pero había que reconocer, algo daba en cambio, no hablemos de Monzón y Mantequilla pero también las flechas de colores en el metro, esa manera de recibir como un señor, indicándole el camino a la hinchada que se hubiera armado un lío en las salidas y los terrenos baldíos llenos de charcos.

Estévez llegó como debía, con la carpa a medio llenar, y antes de mostrar la entrada se quedó mirando un momento los camiones de la policía y los enormes tráilers iluminados por fuera pero con cortinas oscuras en las ventanillas, que comunicaban con la carpa por galerías cubiertas como para llegar a un jet. Ahí están los boxeadores, pensó Estévez, el tráiler blanco y más nuevo seguro que es el de Carlitos, a ése no me lo mezclan con los otros. Nápoles tendría su tráiler del otro lado de la carpa, la cosa era científica y de paso pura improvisación, mucha lona y tráilers encima de un terreno baldío. Así se hace la guita, pensó Estévez, hay que tener la idea y los huevos, che.

Su fila, la quinta a partir de la zona del *ringside*, era un tablón con los números marcados en grande, ahí parecía haberse acabado la cortesía de Alain Delon porque fuera de las sillas del *ringside* el resto era de circo y de circo malo, puros tablones aunque eso sí unas acomodadoras con minifaldas que te apagaban de entrada toda protesta. Estévez verificó por su cuenta el 235, aunque la chica le sonreía mostrándole el número como si él no supiera leer, y se sentó a hojear el diario que después le serviría de almohadilla. Walter iba a estar a su derecha, y por eso Estévez tenía el paquete con la plata y los papeles en el bolsillo izquierdo del saco; cuando fuera el momento podría sacarlo con la mano derecha, llevándolo inmediatamente hacia las rodillas lo deslizaría en la cartera abierta a su lado.

La espera se le hacía larga, había tiempo para pensar en Marisa y en el pibe que estarían acabando de cenar, el pibe ya medio dormido y Marisa mirando la televisión. A lo mejor pasaban la pelea y ella la veía, pero él no iba a decirle que había estado, por lo menos ahora no se podía, a lo mejor alguna vez cuando las cosas estuvieran más tranquilas. Abrió el diario sin ganas (Marisa mirando la pelea, era cómico pensar que no le podría decir nada con las ganas que tendría de contarle, sobre todo si ella le comentaba de Monzón y de Nápoles), entre las noticias del Vietnam y las noticias de policía la carpa se iba llenando, detrás de él un grupo de franceses discutía las chances de Nápoles, a su izquierda acababa de instalarse un tipo cajetilla que primero observó largamente y con una especie de horror el tablón donde iban a envilecerse sus perfectos pantalones azules. Más abajo había parejas y grupos de amigos, y entre ellos tres que hablaban con un acento que podía ser mexicano; aunque Estévez no era muy ducho en acentos, los hinchas de Mantequilla debían abundar esa noche en que el retador aspiraba nada menos que a la corona de Monzón. Aparte del asiento de Walter quedaban todavía algunos claros, pero la gente se agolpaba en las entradas de la carpa y las chicas tenían que emplearse a fondo para instalar a todo el mundo. Estévez encontraba que la iluminación del ring era demasiado fuerte y la música demasiado pop, pero ahora que empezaba la primera preliminar el público no perdía tiempo en críticas y seguía con ganas una mala pelea a puro zapallazo y clinches; en el momento en que Walter se sentó a su lado Estévez llegaba a la conclusión de que ese no era un auténtico público de box, por lo menos alrededor de él; se tragaban cualquier cosa por snobismo, por puro ver a Monzón o a Nápoles.

—Disculpe —dijo Walter acomodándose entre Estévez y una gorda que seguía la pelea semiabrazada a su marido también gordo y con aire de entendido.

—Póngase cómodo —dijo Estévez—. No es fácil, estos franceses calculan siempre para flacos.

Walter se rió mientras Estévez empujaba suave hacia la izquierda para no ofender al de los pantalones azules; al final quedó espacio para que Walter pasara la cartera de tela azul desde las rodillas al tablón. Ya estaban en la segunda preliminar que también era mala, la gente se divertía sobre todo con lo que pasaba fuera del ring, la llegada de un espeso grupo de mexicanos con sombreros de charro pero vestidos como lo que debían ser, bacanes capaces de fletar un avión para venirse a hinchar por Mantequilla desde México, tipos petisos y anchos, de culos salientes y caras a lo Pancho Villa, casi demasiado típicos mientras tiraban los sombreros al aire como si Nápoles ya estuviera en el ring, gritando y discutiendo antes de incrustarse en los asientos del *ringside*. Alain Delon debía tenerlo todo previsto porque los altoparlantes escupieron ahí nomás una especie de corrido que los mexicanos no dieron la impresión de reconocer demasiado. Estévez y Walter se miraron irónicos, y en ese mismo momento por la entrada más distante desembocó un montón de gente encabezado por cinco o seis mujeres más anchas que altas, con pulóvers blancos y gritos de «¡Argentina, Argentina!», mientras los de atrás enarbolaban una enorme bandera patria y el grupo se abría paso contra acomodadoras y butacas, decidido a progresar hasta el borde del ring donde seguramente no estaban sus entradas. Entre gritos delirantes terminaron por armar una fila que las acomodadoras llevaron con ayuda de algunos gorilas sonrientes y muchas explicaciones hacia dos tablones semivacíos, y Estévez vio que las mujeres lucían un MONZON negro en la espalda del pulóver. Todo eso regocijaba considerablemente a un público a quien poco le daba la nacionalidad de los púgiles puesto que no eran franceses, y ya la tercera pelea iba duro y parejo aunque Alain Delon no parecía haber gastado mucha plata en mojarritas cuando los dos tiburones estarían ya listos en sus tráilers y eran lo único que le importaba a la gente.

Hubo como un cambio instantáneo en el aire, algo se trepó a la garganta de Estévez; de los altoparlantes venía un tango tocado por una orquesta que bien podía ser la de Pugliese. Sólo entonces Walter lo miró de lleno y con simpatía, y Estévez se preguntó si sería un compatriota. Casi no habían cambiado palabra aparte de algún comentario pegado a una acción en el ring, a lo mejor uruguayo o chileno pero nada de preguntas, Peralta había sido bien claro, gente que se encuentra en el box y da la casualidad que los dos hablan español, pare de contar.

—Bueno, ahora sí —dijo Estévez. Todo el mundo se levantaba a pesar de las protestas y los silbidos, por la izquierda un revuelo clamoroso y los sombreros de charro volando entre ovaciones, Mantequilla trepaba al ring que de golpe parecía iluminarse todavía más, la gente miraba ahora hacia la derecha donde no pasaba nada, los aplausos cedían a un murmullo de expectativa y desde sus asientos Walter y Estévez no podían ver el acceso al otro lado del ring, el casi silencio y de pronto el clamor como única señal, bruscamente la bata blanca recortándose contra las cuerdas, Monzón de espaldas hablando con los suyos, Nápoles yendo hacia él, un apenas saludo entre flashes y el árbitro esperando que bajaran el micrófono, la gente que volvía a sentarse poco a poco, un último sombrero de charro yendo a parar muy lejos, devuelto en otra dirección por pura joda, bumerang tardío en la indiferencia porque ahora las presentaciones y los saludos, Georges Carpentier, Nino Benvenuti, un campeón francés, Jean-Claude Bouttier, fotos y aplausos y el ring vaciándose de a poco, el himno mexicano con más sombreros y al final la bandera argentina desplegándose para esperar el himno, Estévez y Walter sin pararse aunque a Estévez le dolía pero no era cosa de chambonear a esa altura, en todo caso le servía para saber que no tenía compatriotas demasiado cerca, el grupo de la bandera cantaba al final del himno y el trapo azul y blanco se sacudía de una manera que obligó a los gorilas a correr para ese lado por las dudas, la voz anunciando los nombres y los pesos, segundos fuera.

—¿Qué pálpito tenés? —preguntó Estévez. Estaba nervioso, infantilmente emocionado ahora que los guantes se rozaban en el saludo inicial y Monzón, de frente, armaba esa guardia que no parecía una defensa, los brazos largos y delgados, la silueta casi frágil frente a Mantequilla más bajo y morrudo, soltando ya dos golpes de anuncio.

—Siempre me gustaron los desafiantes —dijo Walter, y atrás un francés explicando que a Monzón lo iba a ayudar la diferencia de estatura, golpes de estudio, Monzón entrando y saliendo sin esfuerzo, round casi obligadamente parejo. Así que le gustaban los desafiantes, desde luego no era argentino porque entonces; pero el acento, clavado un uruguayo, le preguntaría a Peralta que seguro no le contestaría. En todo caso no debía llevar mucho tiempo en Francia porque el gordo abrazado a su mujer le había hecho algún comentario y Walter contestaba en forma tan incomprensible que el gordo hacía un gesto desalentado y se ponía a hablar con uno de más abajo. Nápoles pega duro, pensó Estévez inquieto, dos veces había visto a Monzón tirarse atrás y la réplica llegaba un poco tarde, a lo mejor había sentido los golpes. Era como si Mantequilla comprendiera que su única chance estaba en la pegada, boxearlo a Monzón no le serviría como siempre le había servido, su maravillosa velocidad encontraba como un hueco, un torso que viraba y se le iba mientras el campeón llegaba una, dos veces a la cara y el francés de atrás repetía ansioso ya ve, ya ve cómo lo ayudan los brazos, quizá la segunda vuelta había sido de Nápoles, la gente estaba callada, cada grito nacía aislado y era como mal recibido, en la tercera vuelta Mantequilla salió con todo y entonces lo esperable, pensó Estévez, ahora van a ver la que se viene, Monzón contra las cuerdas, un sauce cimbreando, un uno-dos de látigo, el clinch fulminante para salir de las cuerdas, una agarrada mano a mano hasta el final del round, los mexicanos subidos en los asientos y los de atrás vociferando protestas o parándose a su vez para ver.

—Linda pelea, che —dijo Estévez—, así vale la pena.
—Ajá.

Sacaron cigarrillos al mismo tiempo, los intercambiaron sonriendo, el encendedor de Walter llegó antes, Estévez miró un instante su perfil, después lo vio de frente, no era cosa de mirarse mucho, Walter tenía el pelo canoso pero se lo veía muy joven, con los blue jeans y el polo marrón. ¿Estudiante, ingeniero? Rajando de allá como tantos, entrando en la lucha, con amigos muertos en Montevideo o Buenos Aires, quién te dice en Santiago, tendría que preguntarle a Peralta aunque después de todo seguro que no volvería a verlo a Walter, cada uno por su lado se acordaría alguna vez que se habían encontrado la noche de Mantequilla que se estaba jugando a fondo en la quinta vuelta, ahora con un público de pie y delirante, los argentinos y los mexicanos barridos por una enorme ola francesa que veía la lucha más que los luchadores, que atisbaba las reacciones, el juego de piernas, al final Estévez se daba cuenta de que casi todos entendían la cosa a fondo, apenas uno que otro festejando idiotamente un golpe aparatoso y sin efectos mientras se perdía lo que de veras estaba sucediendo en ese ring donde Monzón entraba y salía aprovechando una velocidad que a partir de ese momento distanciaba más y más la de Mantequilla cansado, tocado, batiéndose con todo frente al sauce de largos brazos que otra vez se hamacaba en las sogas para volver a entrar arriba y abajo, seco y preciso. Cuando sonó el gong, Estévez miró a Walter que sacaba otra vez los cigarrillos.

—Y bueno, es así —dijo Walter tendiéndole el paquete—. Si no se puede no se puede.

Era difícil hablarse en el griterío, el público sabía que el round siguiente podía ser el decisivo, los hinchas de Nápoles lo alentaban casi como despidiéndolo, pensó Estévez con una simpatía que ya no iba en contra de su deseo ahora que Monzón buscaba la pelea y la encontraba y a lo largo de veinte interminables segundos entrando en la cara y el cuerpo mientras Mantequilla apuraba el clinch como quien se tira al agua, cerrando los ojos. No va a aguantar más, pensó Estévez, y con esfuerzo sacó la vista del ring para mirar la cartera de tela en el tablón, habría que hacerlo justo en el descanso cuando todos se sentaran, exactamente en ese momento porque después volverían a pararse y otra vez la cartera sola en el tablón, dos izquierdas seguidas en la cara de Nápoles que volvía a buscar el clinch, Monzón fuera de distancia, esperando apenas para volver con un gancho exactísimo en plena cara, ahora las piernas, había que mirar sobre todo las piernas, Estévez ducho en eso veía a Mantequilla pesado, tirándose adelante sin ese ajuste tan suyo mientras los pies de Monzón resbalaban de lado o hacia atrás, la cadencia perfecta para que esa última derecha calzara con todo en pleno estómago, muchos no oyeron el gong en el clamoreo histérico pero Walter y Estévez sí, Walter se sentó primero enderezando la cartera sin mirarla y Estévez, siguiéndolo más despacio, hizo resbalar el paquete en una fracción de segundo y volvió a levantar la mano vacía para gesticular su entusiasmo en las narices del tipo de pantalón azul que no parecía muy al tanto de lo que estaba sucediendo.

—Eso es un campeón —le dijo Estévez sin forzar la voz porque de todos modos el otro no lo escucharía en ese clamoreo—. Carlitos, carajo.

Miró a Walter que fumaba tranquilo, el hombre empezaba a resignarse, qué se le va a hacer, si no se puede no se puede. Todo el mundo parado a la espera de la campana del séptimo round, un brusco silencio incrédulo y después el alarido unánime al ver la toalla en la lona, Nápoles siempre en su rincón y Monzón avanzando con los guantes en alto, más campeón que nunca, saludando antes de perderse en el torbellino de los abrazos y los flashes. Era un final sin belleza pero indiscutible, Mantequilla abandonaba para no ser el punching-ball de Monzón, toda esperanza perdida ahora que se levantaba para acercarse al vencedor y alzar los guantes hasta su cara, casi una caricia mientras Monzón le ponía los suyos en los hombros y otra vez se separaban, ahora sí para siempre, pensó Estévez, ahora para ya no encontrarse nunca más en un ring.

—Fue una linda pelea —le dijo a Walter que se colgaba la cartera del hombro y movía los pies como si se hubiera acalambrado.

—Podría haber durado más —dijo Walter—, seguro que los segundos de Nápoles no lo dejaron salir.

—¿Para qué? Ya viste como estaba sentido, che, demasiado boxeador para no darse cuenta.

—Sí, pero cuando se es como él hay que jugarse entero, total nunca se sabe.

—Con Monzón sí —dijo Estévez, y se acordó de las órdenes de Peralta, tendió la mano cordialmente—. Bueno, fue un placer.

—Lo mismo digo. Hasta pronto.

—Chau.

Lo vio salir por su lado, siguiendo al gordo que discutía a gritos con su mujer, y se quedó detrás del tipo de los pantalones azules que no se apuraba; poco a poco fueron derivando hacia la izquierda para salir de entre los tablones. Los franceses de atrás discutían sobre técnicas, pero a

Estévez lo divirtió ver que una de las mujeres abrazaba a su amigo o su marido, gritándole vaya a saber qué al oído lo abrazaba y lo besaba en la boca y en el cuello. Salvo que el tipo sea un idiota, pensó Estévez, tiene que darse cuenta de que ella lo está besando a Monzón. El paquete no pesaba ya en el bolsillo del saco, era como si se pudiera respirar mejor, interesarse por lo que pasaba, la muchacha apretada al tipo, los mexicanos saliendo con los sombreros que de golpe parecían más chicos, la bandera argentina arrollada a medias pero agitándose todavía, los dos italianos gordos mirándose con aire de entendidos, y uno de ellos diciendo casi solemnemente, gliel'a messo in culo, y el otro asintiendo a tan perfecta síntesis, las puertas atestadas, una lenta salida cansada y los senderos de tablas hasta la pasarela crujiendo bajo una carga crítica, Peralta y Chaves fumando apoyados en la baranda, sin hacer un gesto porque sabían que Estévez iba a verlos y que disimularía su sorpresa, se acercaría como se acercó, sacando a su vez un cigarrillo.

—Lo hizo moco —informó Estévez.

—Ya sé —dijo Peralta—, yo estaba allí.

Estévez lo miró sorprendido, pero ellos se dieron vuelta al mismo tiempo y bajaron la pasarela entre la gente que ya empezaba a ralear. Supo que tenía que seguirlos y los vio salir de la avenida que llevaba al metro y entrar por una calle más oscura, Chaves se dio vuelta una sola vez para asegurarse de que no los había perdido de vista, después fueron directamente al auto de Chaves y entraron sin apuro pero sin perder tiempo. Estévez se metió atrás con Peralta, el auto arrancó en dirección al sur.

—Así que estuviste —dijo Estévez—. No sabía que te gustaba el boxeo.

—Me importa un carajo —dijo Peralta—, aunque Monzón vale la plata que cuesta. Fui para mirarte de lejos por las dudas, no era cosa de que estuvieras solo si en una de esas.

—Bueno, ya viste. Sabés, el pobre Walter hinchaba por Nápoles.

—No era Walter —dijo Peralta.

El auto seguía hacia el sur, Estévez sintió confusamente que por esa ruta no llegarían a la zona de la Bastilla, lo sintió como muy atrás porque todo el resto era una explosión en plena cara, Monzón pegándole a él y no a Mantequilla. Ni siquiera pudo abrir la boca, se quedó mirando a Peralta y esperando.

—Era tarde para prevenirte —dijo Peralta—. Lástima que te fueras tan temprano de tu casa, cuando telefoneamos Marisa nos dijo que ya habías salido y que no ibas a volver.

—Tenía ganas de caminar un rato antes de tomar el metro —dijo Estévez—. Pero entonces, decime.

—Todo se fue al diablo —dijo Peralta—. Walter telefoneó al llegar a Orly esta mañana, le dijimos lo que tenía que hacer, nos confirmó que había recibido la entrada para la pelea, todo estaba al pelo. Quedamos en que él me llamaría desde el aguantadero de Lucho antes de salir, cosa de estar seguros. A las siete y media no había llamado, telefoneamos a Geneviève y ella llamó de vuelta para avisar que Walter no había llegado a lo de Lucho.

—Lo estaban esperando a la salida de Orly —dijo la voz de Chaves.

—¿Pero entonces quién era el que...? —empezó Estévez, y dejó la frase colgada, de golpe comprendía y era sudor helado brotándole del cuello, resbalando por debajo de la camisa, la tuerca apretándole el estómago.

—Tuvieron siete horas para sacarle los datos —dijo Peralta—. La prueba, el tipo conocía cada detalle de lo que tenía que hacer con vos. Ya sabés cómo trabajan, ni Walter pudo aguantar.

—Mañana o pasado lo encontrarán en algún terreno baldío —dijo casi aburridamente la voz de Chaves.

—Qué te importa ahora —dijo Peralta—. Antes de venir a la pelea arreglé para que se las picaran de los aguantaderos. Sabés, todavía me quedaba alguna esperanza cuando entré en esa carpa de mierda, pero él ya había llegado y no había nada que hacer.

—Pero entonces —dijo Estévez—, cuando se fue con la plata...

—Lo seguí, claro.

—Pero antes, si ya sabías...

—Nada que hacer —repitió Peralta—. Perdido por perdido el tipo hubiera hecho la pata ancha ahí mismo y nos hubieran encanado a todos, ya sabés que ellos están palanqueados.

—¿Y qué pasó?

—Afuera lo esperaban otros tres, uno tenía un pase o algo así y en menos que te cuento estaban en un auto del párking para la barra de Delon y la gente de guita, con canas por todos lados. Entonces volví a la pasarela donde Chaves nos esperaba, y ahí tenés. Anoté el número del auto, claro, pero no va a servir para un carajo.

—Nos estamos saliendo de París —dijo Estévez.

—Sí, vamos a un sitio tranquilo. El problema ahora sos vos, te habrás dado cuenta.

—¿Por qué yo?

—Porque ahora el tipo te conoce y van a acabar por encontrarte. Ya no hay aguantaderos después de lo de Walter.

—Me tengo que ir, entonces —dijo Estévez. Pensó en Marisa y en el pibe, cómo llevárselos, cómo dejarlos solos, todo se le mezclaba con árboles de un comienzo de bosque, el zumbido en los oídos como si todavía la muchedumbre estuviera clamando el nombre de Monzón, ese instante en que había habido como una pausa de incredulidad y la toalla cayendo en medio del ring, la noche de Mantequilla, pobre viejo. Y el tipo había estado a favor de Mantequilla, ahora que lo pensaba era raro que hubiese estado del lado del perdedor, tendría que haber estado con Monzón, llevarse la plata como Monzón, como alguien que da la espalda y se va con todo, para peor burlándose del vencido, del pobre tipo con la cara rota o con la mano tendida diciéndole bueno, fue un placer. El auto frenaba entre los árboles y Chaves cortó el motor. En la oscuridad ardió el fósforo de otro cigarrillo, Peralta.

—Me tengo que ir, entonces —repitió Estévez—. A Bélgica, si te parece, allá está el que sabés.

—Estarías seguro si llegaras —dijo Peralta—, pero ya viste con Walter, tienen gente en todas partes y mucha manija.

—A mí no me agarrarán.

—Como Walter, quién iba a agarrarlo a Walter y hacerlo cantar. Vos sabés otras cosas que Walter, eso es lo malo.

—A mí no me agarran —repitió Estévez—. Mirá, solamente tengo que pensar en Marisa y el pibe, ahora que todo se fue a la mierda no los puedo dejar aquí, se van a vengar con ella. En un día arreglo todo y me los llevo a Bélgica, lo veo al que sabés y sigo solo a otro lado.

—Un día es demasiado tiempo —dijo Chaves volviéndose en el asiento. Los ojos se acostumbraban a la oscuridad, Estévez vio su silueta y la cara de Peralta cuando se llevaba el cigarrillo a la boca y pitaba.

—Está bien, me iré lo antes que pueda —dijo Estévez.

—Ahora mismo —dijo Peralta sacando la pistola.

Indice

Grafitti.	7
Apocalipsis de Solentiname	12
Segunda vez	19
Recortes de prensa	27
Satarsa	40
Alguien que anda por ahí.	54
La escuela de noche.	61
Pesadillas	82
La noche de Mantequilla	92

El libro de Bolsillo   Alianza Editorial   Madrid

Ultimos títulos publicados

1531 Max Weber:
Escritos políticos

1532 Cicerón:
El orador

1533 Maguelonne Toussaint-Samat:
Historia natural y moral de los alimentos
6. La sal y las especias

1534 Iris M. Zavala:
El bolero. Historia de un amor

1535 Maguelonne Toussaint-Samat:
Historia natural y moral de los alimentos
7. El azúcar, el chocolate, el café y el té

1536 Tommaso Campanella:
La política

1537 E. M. Dostoyevski:
Apuntes del subsuelo

1538 Bernard Pellequer:
Guía del cielo

1539 Michael Eckert y Helmut Schubert:
Cristales, electrones, transistores

1540 Fernando Vallespín (ed.):
Historia de la teoría política, 3

1541 Juan Valera
La ilusiones del doctor Faustino

1542 R. M. Hare:
Platón

1543 Eduardo Battaner:
Planetas

1544 Maguelonne Toussaint-Samat:
Historia natural y moral de los alimentos
8. Las frutas y las verduras

1545 Medardo Fraile:
Cuentos completos

1546 Aileen Serrano y M.ª Carmen Arce:
ABC de las tragedias domésticas

1547 Cicerón:
Discursos cesarianos

1548 Mariano Mataix:
Ludopatía matemática

1549 Martin Gardner:
El ahorcamiento inesperado

1550 Manuel Lucena:
Simón Bolívar

1551 Bertolt Brecht
Narrativa completa, 4
La novela de los tuis

1552, 1553 San Juan de la Cruz:
Obra completa
Edición de Luce López-Baralt y Eulogio Pacho

1554 Ken Richardson:
Para comprender la psicología

1555 Martin Rady:
Carlos V

1556 Carlos García del Cerro y Manuel Arroyo:
101 quesos magistrales

1557 Royston M. Roberts:
Serendipia
Descubrimientos accidentales en la ciencia

1558 David J. Melling:
Introducción a Platón

1559 Maguelonne Toussaint-Samat:
Historia natural y moral de los alimentos
9. Las conservas, los congelados y la dietética

1560 Leon Edel:
Bloomsbury
Una guarida de leones

1561 John Gribbin:
El agujero del cielo

1562 François Rabelais:
Gargantúa

1563 Dionisio de Halicarnaso:
Tres ensayos de crítica literaria

1564 Jennifer J. Ashcroft y J. Barrie Ashcroft:
Cómo adelgazar y mantenerse delgado

1565 Elie Faure:
Historia del arte, 5

1566 Francisco Páez de la Cadena:
El libro del bonsai

1567 Ramiro A. Calle:
El libro de la relajación, la respiración y el estiramiento

1568 Rubén Darío:
Prosas profanas

1569 Bertolt Brecht:
Teatro completo, 5

1570 Emrys Jones:
Metrópolis

1571 Daniel Tapia:
Historia del toreo, 1

1572, 1573 Carlos Abellá:
Historia del toreo, 2 y 3

1574 Ramón Casilda Béjar:
Sistema financiero español

1575 Augusto M. Torres:
El cine norteamericano en 120
películas

1576 Fernando Vallespín (ed.):
Historia de la teoría política, 4

1577 Camilo José Cela:
La colmena

1578 Patricia Highsmith:
Pequeños cuentos misóginos

1579 Ignacio H. de la Mota
El libro del plátano

1580 Carlos García Gual:
Introducción a la mitología griega

1581 George Berkeley:
Tratado sobre los principios del
conocimiento humano

1582 Mária Alemany:
Obesidad y nutrición

1583 M.ª del Carmen Zarzalejos:
El libro de la cocina
iberoamericana

1584 Immanuel Kant:
Opúsculos de filosofía natural

1585, 1586 Antología crítica del cuento
hispanoamericano del siglo XX,
1, 2
Selección de José Miguel Oviedo

1587 Zygmunt Bauman:
Libertad

1588, 1589 Juan García Hortelano:
Cuentos completos, 1, 2

1590 Juan Carlos Sanz:
El libro del color

1591 Michael Argyle:
La psicología de la felicidad

1592 Leonardo Sciascia:
A cada cual lo suyo

1593 Ramón Llul:
Libro de la Orden de Caballería

1594 John Lenihan:
Las migajas de la creación

1595, 1596 Tito Livio:
Historia de Roma, 1, 2

1597 Anthony Arblaster:
Democracia

1598 Enrique Cornelo Agrippa:
Filosofía oculta
Magia Natural

1599 G. W. Leibniz:
Nuevos ensayos sobre el
entendimiento humano

1600 Ulla Folsing:
Mujeres Premios Nobel

1601 Nicholas Humphrey:
La mirada interior

1602 Chris Cook:
Diccionario de términos
históricos

1603 John A. Hall, G. John Ikenberry:
El estado

1604 Apolodoro:
Biblioteca mitológica

1605 Pilar Llamas:
Decoración con flores secas

1606 Patricia Highsmith:
El temblor de la falsificación

1607 Giovanni Boccaccio:
Vida de Dante

1608 Inmanculada Tejera:
El libro del pan

1609 Yevgeni Zamyatin:
Nosotros

1610 Frans de Wall:
La política de los chimpancés

1611 Apiano:
Sobre Iberia y Aníbal

1612 Oppenheimer:
Calor letal

1613 Abelardo y Eloísa:
Cartas

1614 Bertolt Brecht:
Narrativa completa, 5

1615 Emile Durkheim:
Las formas elementales de la
vida religiosa

1616 Celine Vence:
El libro de la barbacoa

1617 Aristóteles:
Parva naturalia

1618 César Vidal:
Diccionario de las tres religiones

1619 Chretien de Troyes:
Cliges

1620 José Martí:
Crónicas

1621 René de Costa:
La cocina varonil

1622 Maneton:
Historia de Egipto

1623 Luis San Valentín:
La cocina de los monjes

1624 Pedro Salinas:
Poesías completas, 5

1625 Agustín Remesal:
Un banquete para los dioses

1626 Ross Macdonald:
El blanco en movimiento

1627 María del Carmen Zarzalejos:
La cocina del Camino de
Santiago

1628 Esperanza Guisán:
Etica sin religión

1629 Fernando Vallespín (ed.):
Historia de la Teoría Política, 5

1630 Inés Ortega:
Trucos y consejos de cocina

1631 Patricia Highsmith:
El diario de Edith

1632 Graziela Bajraj:
Utensilios de cocina

1633 Virginia Woolf:
Al Faro

1634 Miguel Aguilar:
El libro de las grasas

1635 César Vidal Manzanares:
Diccionario histórico del antiguo
Egipto

1636 Marco Denevi:
Rosaura a las diez

1637 Ignacio de la Mota:
La nueva cocina canaria

1638 Karl Jaspers:
Cifras de la trascendencia

1639 Plinio el Viejo:
Lapidario

1640 Antonio F. Rañada:
Física básica, 1

1641 Ludwig Féurbach:
Pensamientos sobre muerte
e inmortalidad

1642 Miguel Salas Parrilla:
Cómo aprobar oposiciones

1643 Augusto M. Torres:
Videoteca básica de cine

1644 Pierre Kohler:
Historia de nuestro planeta

1645 Amin Maalouf:
Samarcanda

1646 Michel S. Gazzaniga:
El cerebro social

1647 Stanislaw Lem:
Retorno de las estrellas

1648 Juan Pedro Yegros:
La cocina familiar

1649 David Hume:
Investigación sobre los principios
de la moral

1650 William Beckford:
Vathek

1651 Ross Macdonald:
El coche fúnebre pintado a rayas

1652 Cornelio Tácito:
Anales

1653 Katherine Mansfield:
Preludio y otros relatos

1654 Eduardo Galeano:
Amares

1655 Jean Heidmann:
La vida en el universo

1656 Joseph Conrad:
El agente secreto

1657 Gerard Durrell:
La selva borracha

1658 Boris Vian:
La espuma de los días

1659 John Gray:
Liberalismo

1660 Diccionario de la Lengua

1661 Bertolt Brecht:
Narrativa completa, 6

1662 Claude Kordon:
El lenguaje de las células

1663 Alphons Silbermann:
Guía de Mahler

1664 Robert L. Stevenson:
Virginibus puerisque y otros
ensayos

1665 Adam Smith:
La riqueza de las naciones

1666 Fernando García de Cortázar y José Manuel Vesga González:
Breve Historia de España

1667 Pascal Tassy:
El mensaje de los fósiles

1668 Roberto Arlt:
El criador de gorilas
Un viaje terrible

1669 Chris Horrie y Peter Chippindale:
¿Qué es el Islam?

1670 Bertolt Brecht:
Narrativa completa
7. *Diálogos de refugiados*

1671 José Antonio del Moral:
Cómo ver una corrida de toros

1672 Jenny Teichman y Katherine C. Evans:
Filosofía: Una guía de principiantes

1673 Bernard Crick:
Socialismo

1674 S. Abraham y D. Llewellyn-Jones:
Anorexia y bulimia

1675 Escuela Bíblica de Jerusalén:
Biblia de Jerusalén

1676 Jean Carpentier y François Lebrun:
Breve Historia de Europa

1677 Luis Chiozza:
¿Por qué enfermamos?

1678 Beatriz Imízcoz y Antoinette Barchman:
Invitados a la mesa

1679 Virginia Woolf:
La señora Dalloway

1680 Maguelonne Toussaint-Samat:
Historia técnica y moral del vestido, 1

1681 Maguelonne Toussaint-Samat:
Historia técnica y moral del vestido, 2

1682 Maguelonne Toussaint-Samat:
Historia técnica y moral del vestido, 3

1683 Tibulo:
Elegías

1684 José María Moreiro:
Historia, cultura y memoria del arte de torear

1685 Bertolt Brecht:
Teatro completo, 6

1686 Ovidio:
Heroidas

1687 Michael J. A. Howe:
Fragmentos de genio

1688 María de Francia:
Lais

1689 Anton Chejov:
El violín de Rothschild y otros relatos

1690 Pilar Fernández Uriel y Ana M.ª Vázquez Hoys:
Diccionario del Mundo Antiguo
Próximo Oriente, Egipto, Grecia y Roma

1691 José María Caparrós:
100 grandes directores de cine

1692 James W. Pennebaker:
El arte de confiar en los demás

1693 Ángel Crespo:
Antología poética

1694 Jordi Pérez:
Chicos al fogón

1695 Joseph Conrad:
Azar

1696 F. Mora y A. Sanguinetti:
Diccionario de neurociencias

1697 Gerald Durrell:
Filetes de lenguado

1698 Hermann y Leo Schneider:
Diccionario de la ciencia para todos

1699 Caty Juan del Corral:
Recetas con ángel

1700 Augusto M. Torres:
El cine italiano en 100 películas

1701 Jeremy Bernstein:
Quarks, chiflados y el cosmos

1702 Amin Maalouf:
Los jardines de luz

1703 John Gribbin:
En el principio...

1704 Francisco J. Alonso:
Vida y caza de la perdiz

1705 César Vidal:
La sabiduría del Antiguo Egipto

1706 Gerald Durrell:
Un zoológico en mi azotea

1707 Alicia Olmo:
El libro blanco de la belleza

- **1708** Simon LeVay:
  El cerebro sexual

- **1709** Carlos Mellizo:
  La vida privada de John Stuart Mill

- **1710** Don Juan Manuel:
  El Conde Lucanor

- **1711** Atilano Domínguez:
  Biografías de Spinoza

- **1712** Carlos García Gual:
  El zorro y el cuervo

- **1713** Fernando Vallespín (ed.):
  Historia de la Teoría Política, 6

- **1714** Carlo M. Cipolla:
  Tres historias extravagantes

- **1715** Francisco Narbona:
  Juan Belmonte

- **1716** W. G. Beasley:
  Historia contemporánea de Japón

- **1717** R. L. Stevenson:
  El Weir de Hermiston

- **1718** Igone Marrodán:
  Cocina sencilla para tiempos complicados

- **1719** Horace Walpole:
  Cuentos jeroglíficos

- **1720** Felipe Garrigues:
  Abriendo el compás. Un paso adelante en el conocimiento del toreo

- **1721** Victor Clube y Bill Napier:
  El invierno cósmico

- **1722** José Viñas:
  ...in corpore sano

- **1723** Ricardo Artola
  La Segunda Guerra Mundial

- **1724** Walt Whitman:
  Hojas de hierba. Antología bilingüe

- **1724** Robert Nisbet:
  Conservadurismo

- **1725, 1726** Miguel de Cervantes:
  Novelas ejemplares

- **1727** César Vidal Manzanares:
  El Holocausto

- **1728** Robert Nisbet:
  Conservadurismo

- **1729** Dorion Sagan:
  Biosfera

- **1730** Francisco Gómez Raggio:
  El libro de la encuadernación

- **1731** Juan Antonio Pérez Mateos:
  El toreo, una visión inédita

- **1732** Heinrich Lindlar:
  Guía de Bartók

- **1733** Gonzalo Martín Peña:
  Más de 1080 consejos sobre su dieta

- **1734** Marvin Harris:
  Nuestra especie

- **1735** Genoveva Dieterich:
  Diccionario de teatro

- **1736** Michael Carrithers:
  ¿Por qué los humanos tenemos culturas?

- **1737** Robert Graves:
  La historia de Eliseo y la sunamita

- **1738** Ovidio:
  Metamorfosis

- **1739** Mercè Rodoreda:
  Aloma

- **1740** María Victoria Llamas:
  Come bien y cuida tu salud

- **1741** Bertolt Brecht:
  Teatro completo, 7

- **1742** Heinrich Lindlar:
  Guía de Stravinsky

- **1743** Carlos García Gual y Antonio Guzmán Guerra (coord.)
  Antología de la literatura griega

- **1746** Platón:
  Fedón. Fedro

- **1747** William Poundstone:
  El dilema del prisionero

- **1750** Julio Muñoz Jiménez, Concepción Sanz Herráiz:
  Guía Física de España, 5

- **1751** F. M. Dostoyevski:
  El eterno marido

- **1752** Clara Obligado Marcó del Pont y Mariángeles Fernández Martín:
  Manjares económicos

- **1753** Alicia Villar:
  Voltaire-Rousseau

- **1754** Jorge Salas:
  Sombreros y gorros de papel

- **1755** José Martí:
  Poesía completa

- **1756** Roberto Sapolsky:
  ¿Por qué las cebras no tienen úlcera?

- **1757** Fina Casaderrey Fraga y Mariano García González:
  El libro de la empanada

- **1758** Leon Tolstoi:
  La muerte de Ivan Ilich-Hadyi Murad

- **1759** Carlos Taibo:
  Crisis y cambio en la Europa del Este

- **1760** Santos Juliá, David Ringrose y Cristina Segura:
  Madrid. Historia de una capital

- **1761** Amin Maalouf:
  La Roca de Tanios

- **1762** Alonso Zamora Vicente:
  Historias de viva voz

- **1763** Alicia Olmo:
  El libro rojo del maquillaje

- **1764** John Dinwinddy:
  Bentham

- **1765** Francesco Petrarca:
  Cancionero

- **1766** R. M. Ogilvie:
  Los romanos y sus dioses

- **1767** José Plana:
  Hablar con las plantas

- **1768** Jacques Le Gofe:
  La vieja Europa y el mundo moderno

- **1769** Federico Trocchio:
  Las mentiras de la ciencia

- **1770** Javier Arce:
  La frontera (Anno domini 363)

- **1771** Claudio Rodríguez:
  Alianza y condena

- **1772** Dino Buzzati:
  Los siete mensajeros y otros relatos

- **1773** Luis San Valentín:
  La cocina castellano-leonesa

- **1775** Arturo Ramoneda:
  Antología de la poesía española del siglo XX (1890-1939)

- **1776** Francisco Vinagre, M.ª Remedios Mulero y J. Francisco Guerra:
  Cuestiones curiosas de química

- **1777** Joaquín García Morillo:
  La democracia en España

- **1778** Bertolt Brecht:
  Teatro completo, 9

- **1780** Marshall Jevons:
  Asesinato en el margen

- **1781** María Victoria Llamas:
  Nuevo libro del microondas + horno convencional

- **1782** Amin Maalouf:
  Las Cruzadas vistas por los árabes

- **1783** Miguel Salas Parrilla:
  Cómo aprobar exámenes con eficacia

- **1784** Jane Austen:
  Emma

- **1785** Fernando García de Cortázar y José María Lorenzo Espinosa:
  Historia del mundo actual, 1

- **1786** Fernando García de Cortázar y José María Lorenzo Espinosa:
  Historia del mundo actual, 2

- **1787** Pilar Iglesias:
  El libro de las salsas

- **1788** Vicente Huidobro:
  Poesía y poética

- **1789** David Lyon:
  Postmodernidad

- **1790** Raquel Morán:
  La cocina de Cuaresma

- **1791** Walter Kolneder:
  Guía de Bach

- **1792** Alicia Olmo:
  El libro dorado del Sol

- **1793** Fernando García:
  Cómo leer una etiqueta de vino

- **1794** Luis A. García Moreno y F. Javier Gómez Espelosín:
  Relatos de viajes en la literatura griega

- **1795** Julián García Candau:
  Épica y lírica del fútbol

- **1796** Ángel Pariente:
  Diccionario temático del surrealismo

- **1797** Francisco Narbona:
  De El Espartero a Jesulín
  100 efemérides taurinas

- **1798** A. Moreno Hernández y J. C. Fernández Corte:
  Antología de la literatura latina